한 두 사람 전문가의 전유물이 아닌
지금보다 더 많은 사람들의
인포그래픽이 되어주길 희망합니다.

source : www.flaticon.com

One Page 인포그래픽 사용설명서

메타포

One Page
인포그래픽 사용설명서 - 메타포

2014년 08월 05일 초판 1쇄 발행

지은이 : 우석진
펴낸이 : 우석진
편집 디자인 : 김효정
펴낸곳 샌들코어
출판신고 제25100-2012-19호(2012년 6월 26일)
경기도 군포시 금정로 33, 102-201
홈페이지 www.sandalcore.com
전 화 02)569-8741
팩 스 02)6442-5013
도서문의 dalgonas@gmail.com

ⓒ 우석진
ISBN 978-89-98001-03-2

이 책은 저작권법에 따라 보호받는 저작물이므로 무단전재와 무단복제를 금지합니다.
이 책 내용의 전부 또는 일부를 이용하려면 반드시 저작권자와 샌들코어의 서면동의를 받아야 합니다.

⊙ 잘못된 책은 구입처에서 바꿔 드립니다.
⊙ 책값은 뒤표지에 있습니다.

이 도서의 국립중앙도서관 출판예정도서목록(CIP)은 서지정보유통지원시스템 홈페이지(http://seoji.nl.go.kr)와
국가자료공동목록시스템(http://www.nl.go.kr/kolisnet)에서 이용하실 수 있습니다.
(CIP제어번호: CIP2014019959)

One Page
인포그래픽 사용설명서
메타포

우석진 지음
special thanks to 김미리, 박규상

prologue

창의성의 최고의 적은
'상식적' 감각이다.

― 파블로 피카소 ―

풍차를 본다.

누구는 풍차를 만들어 마을을 구하고,

누구는 시류와 방향을 음미하며,

누구는 물을 끌어올리고,

누구는 전기를 생산한다.

그리고 누구는 아름다운 사진으로 간직한다.

그 어떤 것도 소중하지 않은 것은 없다.

앨고어가 극찬한 풍차소년 캄쾀바는 아프리카 말라위 오지 마을에 폐품으로 풍차를 만들어 전기를 공급했다. www.ted.com에서 윌리엄 캄쾀바를 검색해보자.

같은 프레임 속에서
같은 것을 보고, 같은 생각을 하며
같은 결과를 내는 것은 상식적이다.

동일한 것을 보고 듣는다고 해서
동일한 생각과 행동을 할 필요는 없다.

우물쭈물하지 않고, 남의 눈치를 보지 않으며,
또한 다름이 틀린 것이라고 여겨서도 안 된다.

그래야 '창의'와 가까워질 수 있다.
유쾌한 공감이 스며있고, 사람 냄새가 나는
건강한 인포그래픽은 '상식적' 감각을 비껴간다.

그런 의미에서 본다면 이 책 또한
정류장을 먼저 통과해본 흔적에 불과하다.

책의 내용을 익히는 것도 훌륭하지만
좀 더 다른 생각과 아이디어를 더해보자.

그럴 수만 있다면
디자이너와 전문가들의 전유물이라 여겼던
인포그래픽은 당신의 것이 될 수 있다.

Contents

 **메타포 빗대기**

prologue		8
인포그래픽 – 우리의 자세		16
인포그래픽 – 사전타파		20
인포그래픽 – 정보유희		28
인포그래픽 – 현실수용		42
인포그래픽 – 방법론		46
인포그래픽 – 메타포		52

세상 다시 보기

메타포 대여점

세상 보기 – 현상과 원리	60
세상 보기 – 프레임	68
의미 찾기 – 다르게 보기	74
의미 찾기 – 마음으로 보기	82
새로운 시각 – 언어유희	88
새로운 시각 – 압력	96
새로운 시각 – 숨바꼭질	98

메타포의 발견 – 연결하기	106
메타포의 발견 – 관찰	110
메타포의 발견 – 눈높이	114
메타포 빌려오기 – 써 보기	118
메타포의 재탄생 – 가설 세우기	126

Contents

 메타포 사용내역　　　　 메타포 매뉴얼

메타포 찾기 – 관점	136
메타포 정의하기 – 현상	144
메타포 선택하기 – 의미	148
메타포 설계하기 – 구조	158
메타포 사용하기 – 속성	166
메타포 사용하기 – 원리	172
메타포 활용하기 – 치환	182
가늠자 제시하기 – 순위	192
가늠자 제시하기 – 상태	194
가늠자 제시하기　크기	196
가늠자 제시하기 – 위치	200
가늠자 제시하기 – 기준	202

메타포를 위한 우리의 자세	206
메타포를 위한 아이디어 발상	208
메타포를 위한 비주얼 씽킹 5-Box	216
메타포를 위한 Step 123	232
메타포 사용 매뉴얼 – 스케치와 완성	244
메타포 사용 매뉴얼 – 검색과 편집	246

메타포 인덱스 48

메타포 인덱스 48　　　　　250　　　　　epilogue　　　　　280

도움 사이트　　　　　　　276

메타포, 빗대기

인포그래픽을 잘하기 위해서는 논리와 감성이라는 두 가지 상반된 능력과 방향과 속도라는 두 마리 토끼를 모두 잡아야 한다. 그래서 어렵다.

인포그래픽 - 우리의 자세
인포그래픽을 대하는 우리의 자세. 아무 말 못 하거나 폼 만 재거나 제대로 능력을 과시하거나.

어찌할 바 몰라 말문이 막히거나...

*source : www.flaticon.com

"네! 제가 좀 배웠습니다. 해보겠습니다."

어차피 배워야 할 것이라면 빨리 정복해야 한다. 우리의 선택은 정해져 있다.

인포그래픽 - 우리의 자세

다르게 생각하고 꾸준히 적용하는 용기. 애정 넘치는 자세가 건강한 인포그래픽을 만들어 낸다.

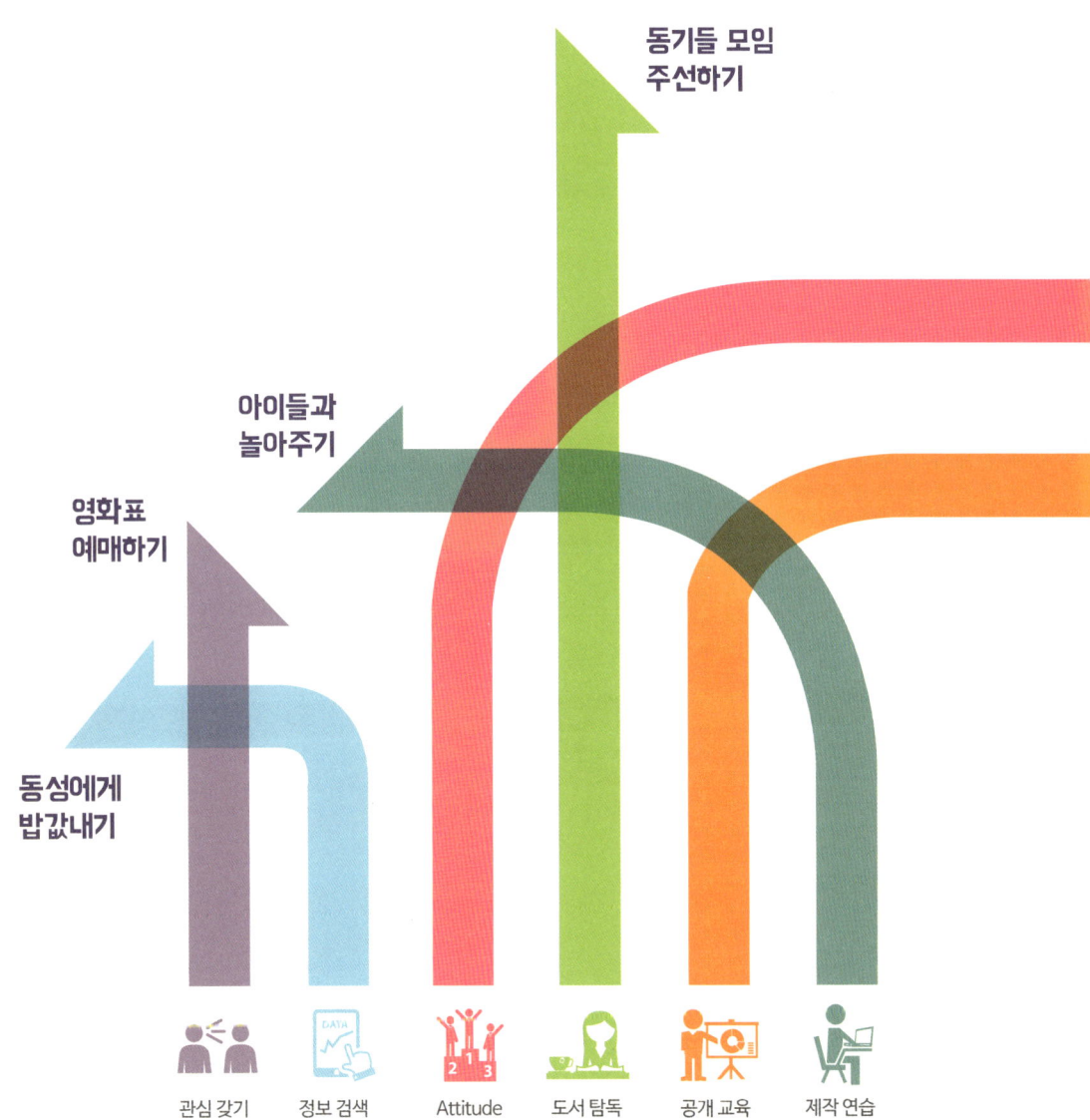

인포그래픽을 위한 노력의 강도는?

영어공부 1시간씩 매일 하기

부모님과 여행가기

논리와 감성을 모두 충족해야 하는 인포그래픽은 쉬운 상대가 아니다.
하지만 다행히 불가능한 것도 아니다.
*source : www.freepik.com

인포그래픽 - 사전타파
세상 그 어디에도 사전적 정의가 현실을 대체해주지는 않는다. 현실을 꼬집어야 한다.

인포그래픽은
정보와 그래픽의
합성어로서...

*Font : 네이버 나눔명조, software.naver.com

개나 줘버려...

이제 사전적 의미는 철저하게 통하지 않는 세상이다.
*source : thenounproject.com

·image source : Andrew Stawarz/ www.flickr.com

인포그래픽 - 사전타파
정보가 갑(甲), 그래픽이 을(乙)이다.
화려한 불꽃을 위해서는 썩 괜찮은 발화석(그냥 돌이라고 부른다)이 필요하다.

인포그래픽 - 사전타파

우리에게 중요한 것은 '공감하는가?', '마음이 끌리는가?', '유쾌한가?', '도움이 되는가?' 뿐이다.
한국 음식을 제대로 먹으려면 익숙함이라는 수저와 의외성이라는 젓가락이 동시에 필요하다.

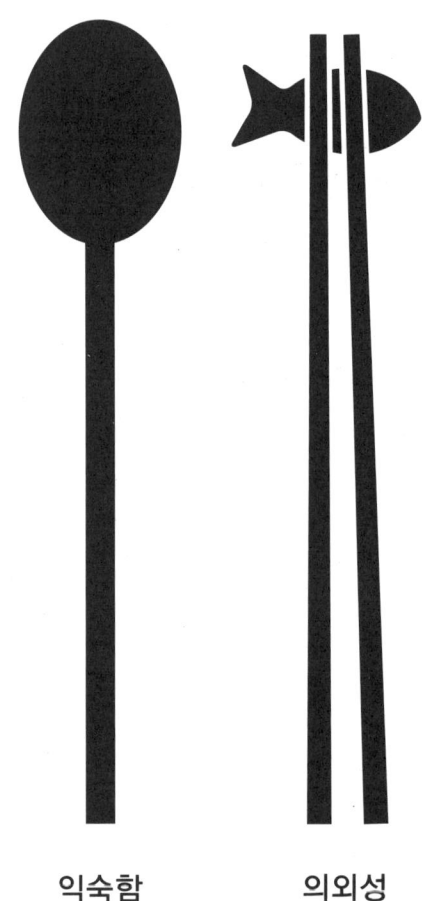

익숙함   의외성

그럴듯한 인포그래픽은 "우리는 이렇게 끝내줘요!"라고 자랑할 수는 있지만, 현실적으로 도움이 되지 않는다.
유쾌한 공감을 위해서는 정보라는 재료를 어떻게 익숙함과 의외성으로 요리할 것인지를 생각해야 한다.

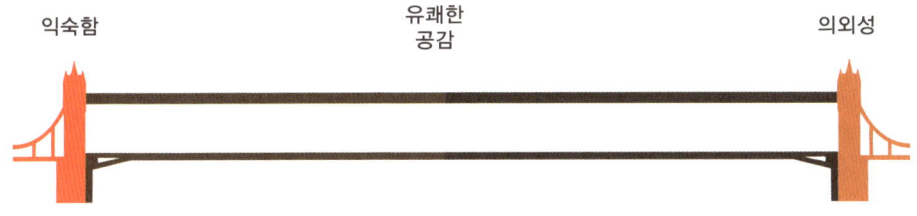

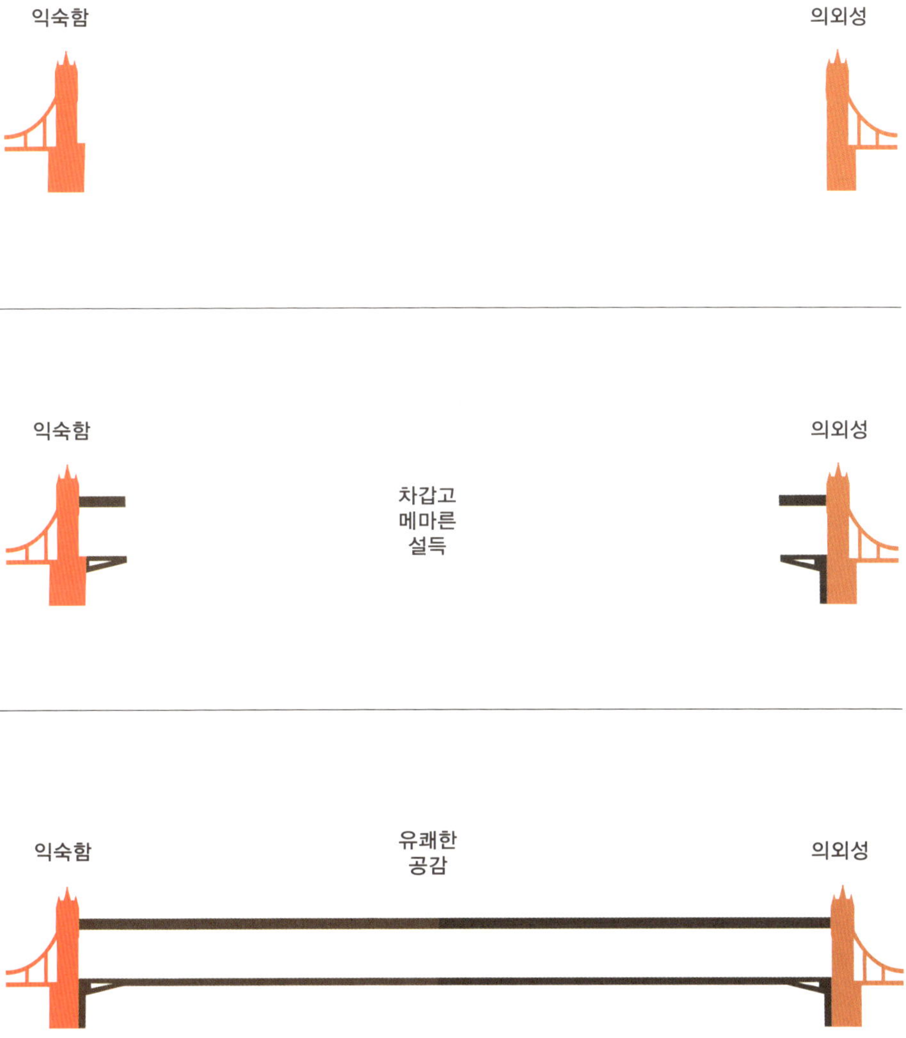

인포그래픽 - 사전타파

실제 무엇이 인포그래픽을 완성하는지 알아야 한다. 그러기 위해서는 사람을 읽을 수 있어야 한다.

정보와 그래픽의 체인

특히 사람들이 어느 지점에서 공감하는지 눈여겨볼 필요가 있다.
*font : bebas nenu, software.naver.com

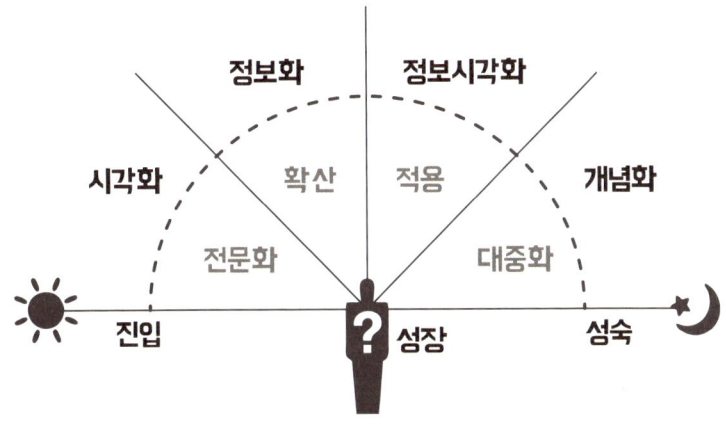

인포그래픽 라이프사이클

인포그래픽 실력 높이기 허들

인포그래픽 성장단계에서는 정보시각화가 핵심적으로 다루어지게 된다.
*source : thenounproject.com

인포그래픽 - 정보유희
정보를 즐긴다는 것은 언어를 가지고 논다는 것, 생각을 연결하고 조립하는 능력이다.

정보야~
놀자

가상 좋아하는 종목으로   가장 잘 할 수 있는 방법으로   가능성 있는 방향으로

남 따라 하면 좋은 메타포가 나오지 않는다.
그러고 보면 너무 많은 인포그래픽을 참고하는 것은 좋은 방법이 아니다.

정보유희
情報遊戱

관찰이나 측정을 통하여 수집한 자료를
실제 문제에 도움이 될 수 있도록 정리하는 지식 놀이

억지부리지 말고 즐겨야 한다.
쥐어짠다고 좋은 것이 만들어진다면 누구나 최고가 될 테니까.
*source : thenounproject.com

인포그래픽 - 정보유희
무엇을 궁금해할지, 무엇을 말해야 할지를 명확히 찾아내면 유쾌하다. 메타포의 생명이 길어진다.

"제주도? 좋겠다!"
"그 곳 날씨는 어때? 바람은?"

'찰칵! 전송되었습니다!'

제주도 2013, InstaWeather PRO, apple APP

인포그래픽 - 정보유희
구구절절 설명하는 것은 에너지 낭비다. 되도록 사람이 중심이 되어야 한다. 그래야 좋은 정보다.

"이게 광어? 그럼 이게 우럭인가?"

"이제 아시겠어요?"

부산 광안리 횟집의 200% 친절지수

"내가 구입할 전구가 얼마나 밝을까?"
"이제 아시겠어요?"

오스람 전구 판매를 위한 디스플레이, 코스트코

인포그래픽 - 정보유희

데킬라를 마시는 방법은 괴짜스럽다.
꼭 그렇게 먹어야만 할 것 같지 않은데 아무튼 다들 그렇게 즐긴다.

인포그래픽이
데킬라였다면

먼저 싱싱하고 상큼한 정보를 살짝 바르고

모두의 오감을 자극할만한 그래픽을 묻힌 후

사랑을 쌓으며, 우정을 나누며 마셨을 것이다.

인포그래픽을 잘하는 왕도는 없다.
어떤 방법이든 즐기는 사람이 최고의 결과를 만든다.
*source : www.flaticon.com, benjamin.nussbaum/www.flickr.com

인포그래픽 - 정보유희
정보를 가지고 노는 능력은 일에 따라서, 성별과 나이, 경험에서도 티가 난다. 나만의 프레임이 필요하다.

망고 – 윈도우와 너무 어울려!

블랙베리 – 우리 자판과 비슷하네! 와우~

애플 – 사과 농장에 투자를 좀 했다고 하던데...

카카오 – 이게 메신저? 말이 되냐? 흠... 되는구먼.

소비자가 유독 사랑하는 제품들은 하나같이 친근하고 달콤한 이름들이다.

치명적 이유

축구를 좋아하는 한국, 축구를 잘하는 이탈리아

국민체육진흥기금의 의미를 알리는 홍보물, 국민체육진흥공단

인포그래픽 - 정보유희
직접적이며, 직관적인 것이 승리한다. 되도록 한 방에 끝내야 한다. 그게 유쾌하고 좋은 정보다.

"좋아하면 먹어 치우는 거란다."

피카츄
1995년 일본에서 등장한 게임 및 애니메이션의 주인공.
주머니 속의 몬스터라고 해서 포켓몬이라 부름.
이미지로 보여주지 않고 설명하려니 정말 어려움. 포털 검색 창에 피카츄를 찾아보시길.

"찜질방의 인기를 한 눈에 볼 수 있도록…"

찜질방에서 '훔친수건'이라는 유행은 지났지만 인기도를 알리기에는 효과적이다.

인포그래픽 - 정보유희

정보가 방향이 명확하면 그래픽은 속도를 낸다. 이는 그래픽이 조금 허술해도 빛이 날 수 있다는 뜻이다.

"이것을 더하고, 저것을 빼야 합니다."

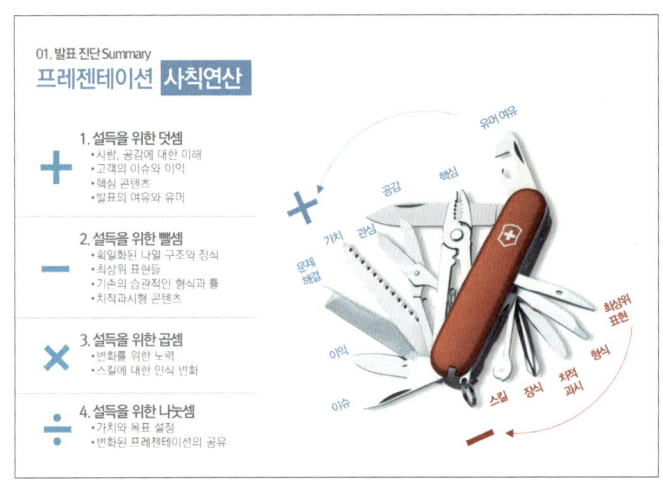

"반드시 넘어야 할 5단계가 있습니다."

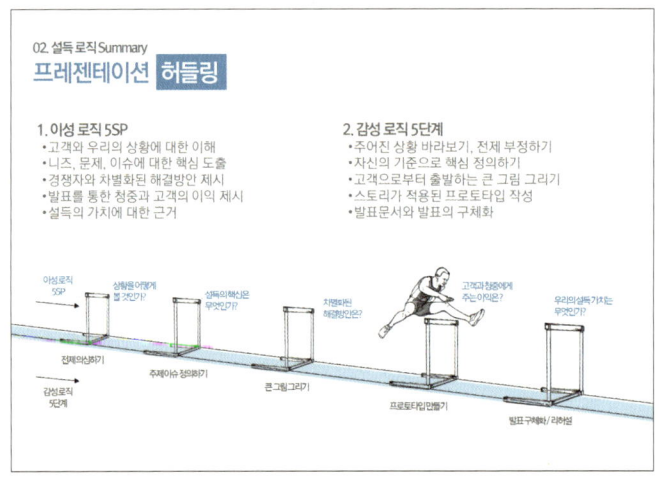

"7개가 잘 맞물려서 돌아가야합니다."

"발표자의 유전자 성분은 이렇습니다."

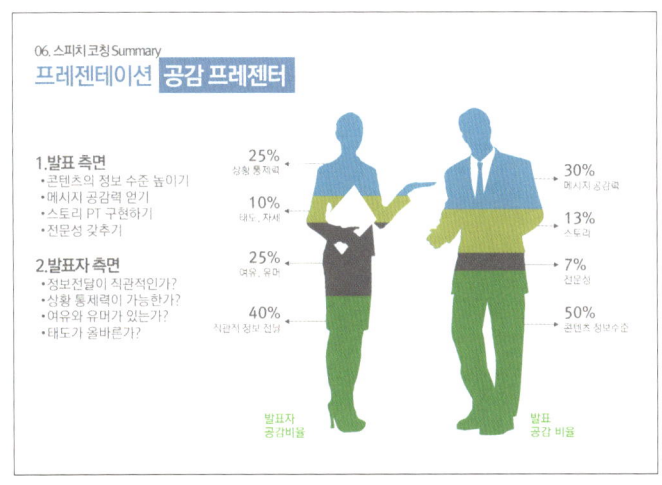

인포그래픽 - 현실수용

아주 멋진 작품을 욕심내지 않는다면 가능성은 있다. 정보는 제대로, 시각화는 최소한이라고 규정하자.

Slide 01

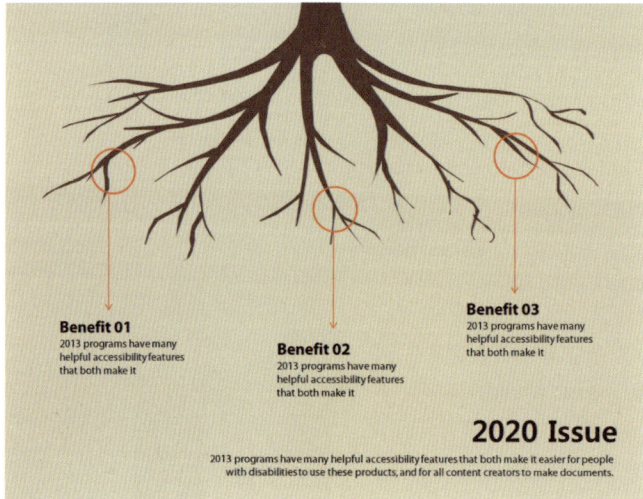

Slide 02

메시지와 메타포가 분명하다면 주변의 무료 사이트를 이용하자.
검색과 파워포인트만으로도 인포그래픽은 완성된다.
*source : office.microsoft.com/en-us

검색어 : Tree with roots

검색어 : Tree with blue bird

*.wmf 파일은 파워포인트에서
그룹해제를 통해 편집/수정할 수 있다.

파워포인트에서 원하는 크기와
색상으로 조절할 수 있다.

MS 클립아트는 *.wmf 파일(벡터방식)이기 때문에 확대 변형해도 이미지에 손상을 입지 않는다.

인포그래픽 - 현실수용
멋진 작품을 욕심 내고 싶다면 전문가들과 함께 하되, 정보 설계와 정보 디자인도 함께 고민하자.

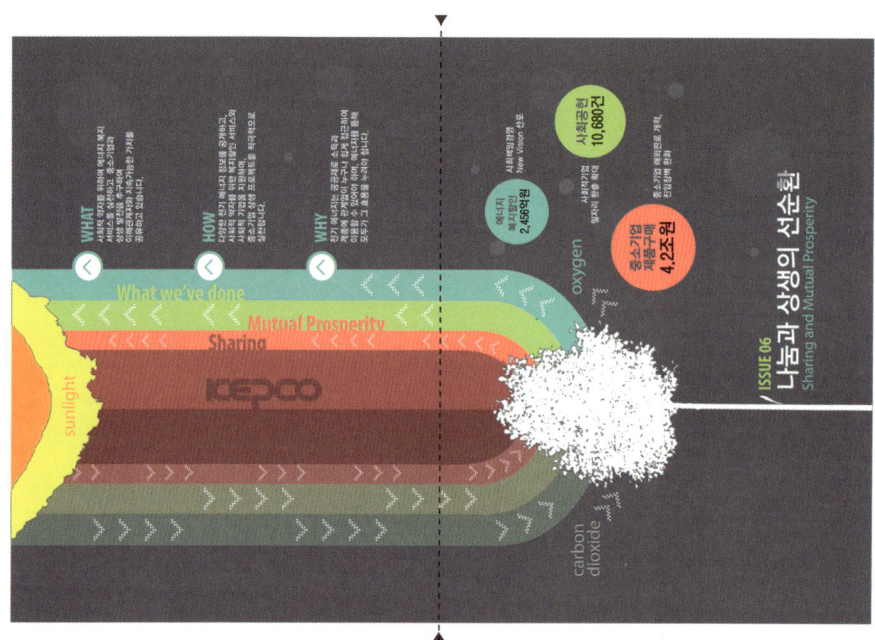

책자 형식의 두 페이지를 하나의 큰 그림으로 그려내면 어떨까?
독자는 옆으로 책장을 넘기다가 판형을 회전하여 봐야 하지만 정보의 재미와 신선함이 있다.

인포그래픽 전문가들과 함께하면 아이콘과 픽토그램을 쓰지 않아도
좋은 인포그래픽을 만들어낼 수 있다.
*source : 한국전력공사 지속가능경영보고서 Prototype

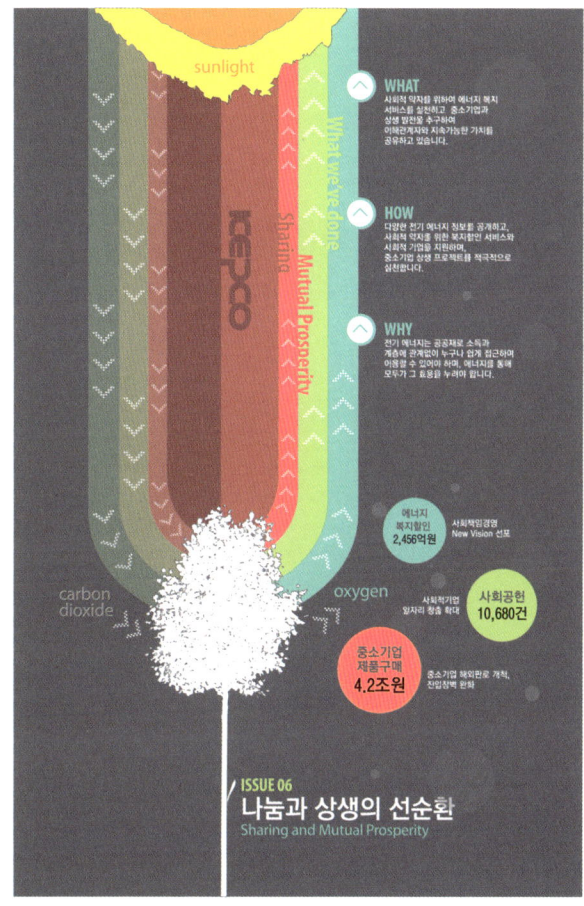

'나눔과 상생'을 '자연이 만드는 이로움'으로
빗대어 설명하기 위해서 '광합성'이라는 메타포를 사용했다.

협업을 할 때 갑과 을의 자세로만 임하면 인포그래픽은 '아트', 또는 '지적과시'에서 머무르게 된다.
자랑거리는 반드시 정보와 함께 전달하고, 정보는 모두를 위한 것을 진정성 있게 찾아야 한다.

인포그래픽 - 방법론
우리의 삶에서도 우선순위가 중요하듯이 인포그래픽에서도 자신만의 잣대와 선발주자가 필요하다.

디자이너가 아니라서...라는

'새빨간 거짓말'

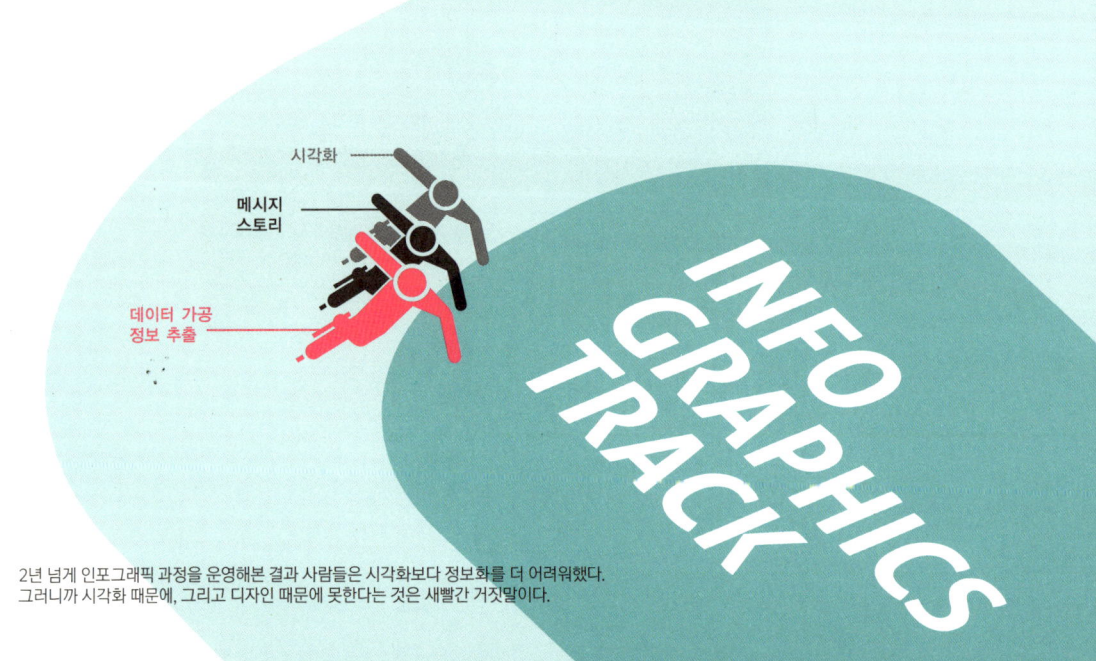

2년 넘게 인포그래픽 과정을 운영해본 결과 사람들은 시각화보다 정보화를 더 어려워했다.
그러니까 시각화 때문에, 그리고 디자인 때문에 못한다는 것은 새빨간 거짓말이다.

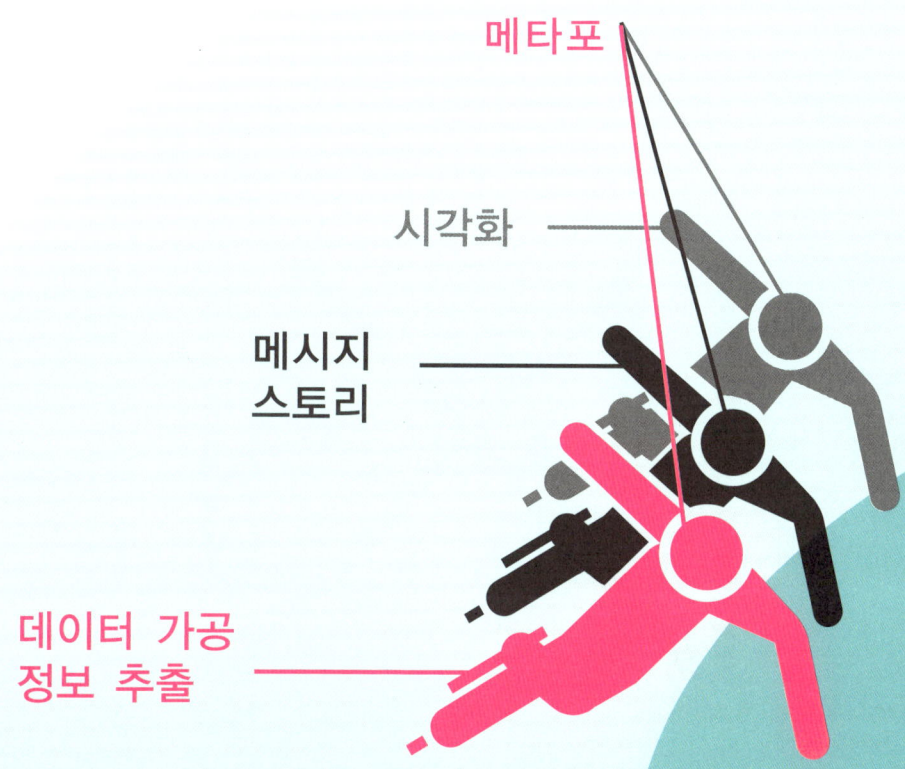

그래도 디자인이 걱정이라면 메타포에 대한 능력을 키우면 된다.
디자인을 잘하는 사람보다 메타포를 자유자재로 다루는 사람이 갑(甲)이다.
*source : thenounproject.com

인포그래픽 - 방법론

투자에서 성공에 이르는 가장 빠른 길은 고위험 지역이다. 인포그래픽에서도 고수들은 원칙을 버린다.

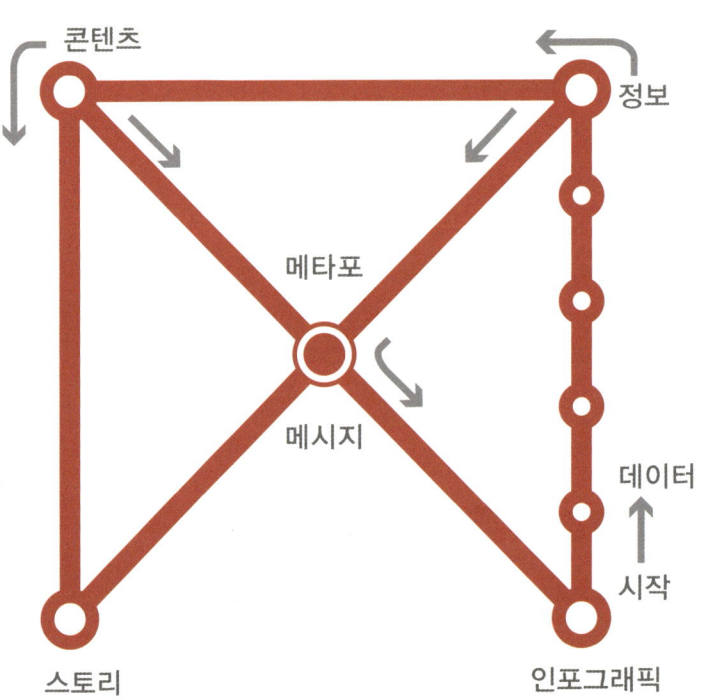

[묘 수]

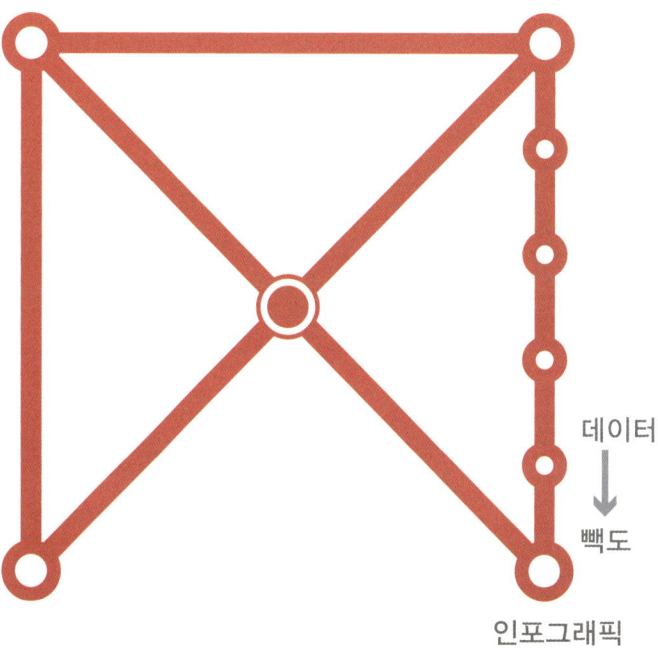

전문가들은 인포그래픽을 만들기 위해 전형적인 프로세스를 따르라고 조언한다.
하지만 세상을 놀라게 하는 인포그래픽의 대부분은 직관에 의해서 결정된다.
아이디어 : 김미리

인포그래픽 - 방법론
그래픽 스킬은 언제든지 배울 수 있지만, 정보를 다루는 일은 대한민국 최고 학원에서도 쉽지 않다.

인포그래픽이 마라톤이라면
40Km + 2.195Km

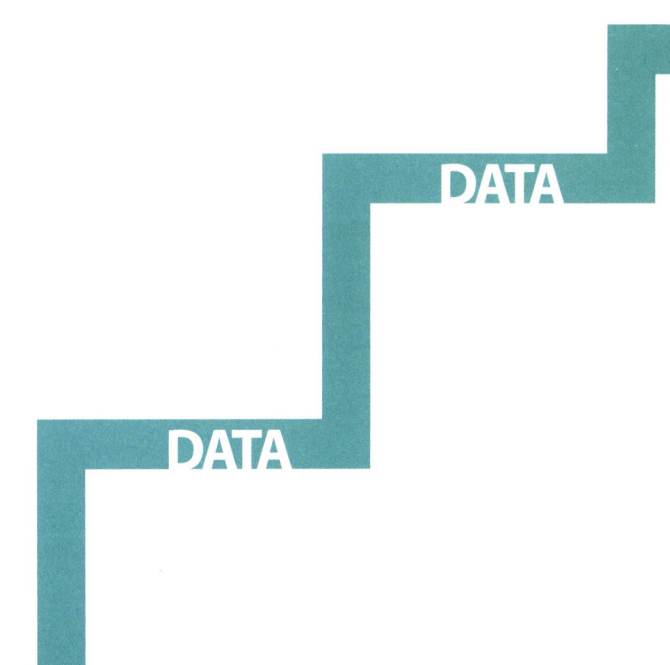

정보를 만드는 과정 | 둘을 연결하는 메타포 과정 | 그래픽을 만드는 과정

INFO 40Km **GRAPHIC** 2.195Km

DATA

모든 분야에서 데이터를 다루는 일, 데이터에서 정보를 추출하는 능력,
정보를 직관적으로 전달하는 능력, 그리고 시각적으로 해석하는 능력이 미래의 능력이 된다.
*source : thenounproject.com

인포그래픽 - 메타포
논리와 감성 사이에서 메타포는 성능 좋은 아교 역할을 한다. 나의 정보와 메시지를 단단히 엮어준다.

[정 답]

[metaphor]

논리와 감성의 충돌
습관과 새로움의 결투

*source : thenounproject.com

[해 답]

[metaphor]

두꺼운 벽 허물기
서로 다른 영역 연결하기

[metaphor]

상상하고 연상하기
익숙함과 의외성

*source : thenounproject.com

인포그래픽 - 메타포
상징과 은유는 유쾌한 공감을 낳는다.
왼쪽 페이지의 제목은~ 하늘에서 남자가 비처럼 내려와!

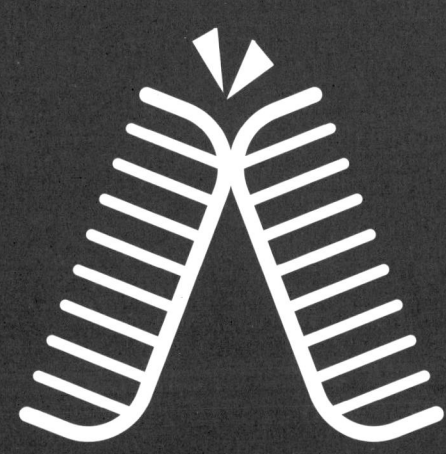

[metaphor]

다른 곳에 전이되다.
누구에게 빗대다.

인포그래픽 - 메타포

스마트 시대 시간소비자로서 현명한 삶은 논리적 감성으로, 제대로, 그리고 빨리 전달하는 능력이다.

[metaphor]

전이(轉移)
숨겨서 비유하는 수사법
A는 B
이질적 동질화
논리적 감성

차장님, 어떡하죠?
길이 막혀 20분 늦을 것 같습니다.
경부인데 20Km 정도 남았고,
현재 서초IC를 지나고 있습니다.
양재 IC 부터는 뚫릴 것 같습니다.
아, 도착시간요?
네, 약 10시 50분 정도요.
정말 죄송합니다.

하나의 메타포가 백마디 말보다 낫고, 하나의 이미지가 수 많은 핑계를 대신할 수 있다.
올레 navi, KT Corporation

세상 다시 보기

무엇인가 잘하고 싶을 때는 더 큰 범위를 고민하거나 더 높은 곳으로 올라가야 한다.
그래야 비로소 보이지 않던, 상상할 수 없었던 값진 보물들이 눈에 들어오게 되니까.

세상 보기 - 현상과 원리
시작부터 완벽한 것은 없다. 우측보행이 그렇고, 도로명 주소와 차량 번호판도 그랬다. 우리가 명심할 것은 정보란 애를 쓰면 쓸수록 좋아진다는 것뿐이다.

사당역 4호선 갈아타는 통로의 우측보행 표지. 잘 맞은 시행착오 끝 결과다.

세상 보기 - 현상과 원리
현상은 언제나 복잡하고 원리는 늘 심플하다. 세상을 넓게 보고 현상 속에서 몰랐던 원리를 발견하자.

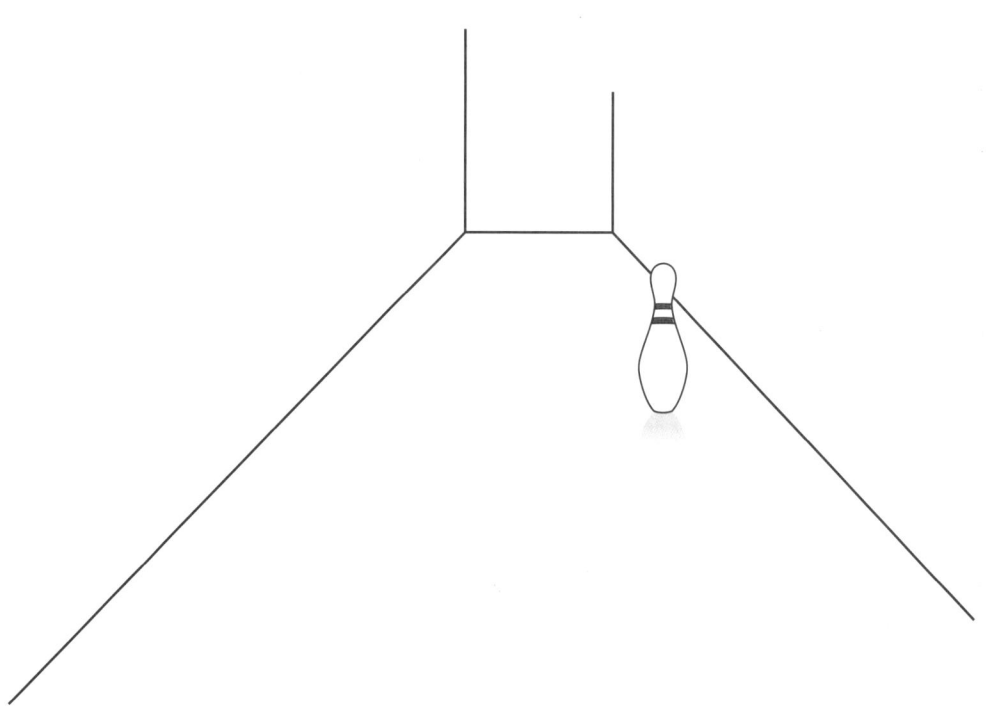

해결할 문제가 하나라고 더 쉽거나.

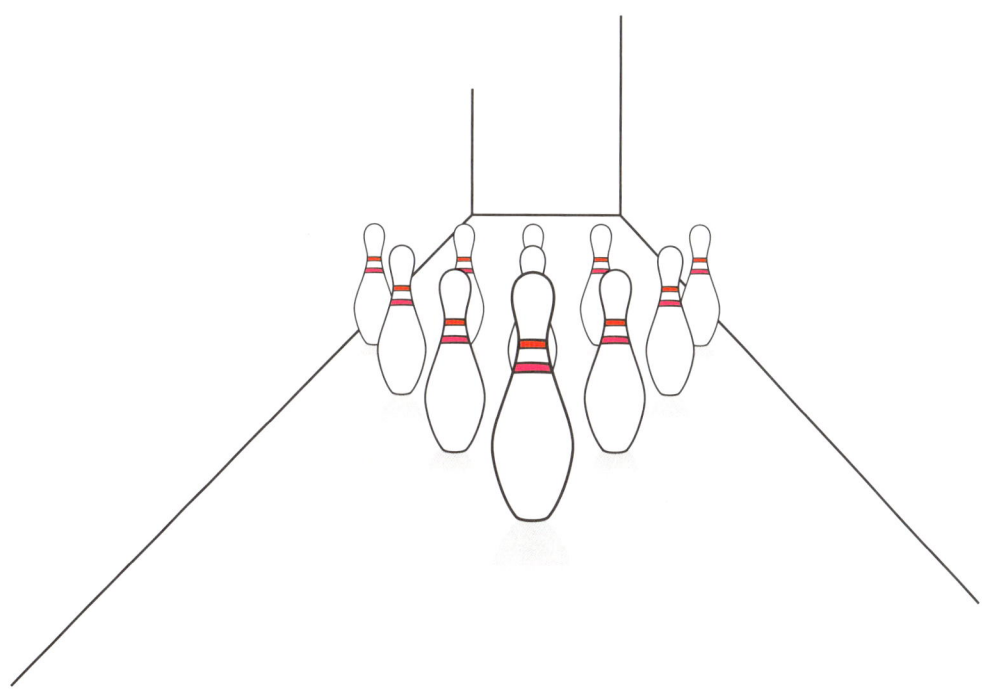

문제가 많다고 반드시 어려운 것만은 아니다.

아이디어 : 박규상

세상 보기 - 현상과 원리
자연의 현상과 서열은 명백한 기준이 있다. 그래서 싸우는 일이 없다.

5월은 고속버스터미널 지하상가 꽃집의 장미가 가장 아름답다.
1월에는 거제도 공고지 동백꽃이 최고의 자태를 뽐낸다.

세상 다시 보기 65

세상 보기 - 현상과 원리
자연현상에서 무엇인가 불편하게 느껴진다면 그만한 이유가 있다. 인공적인 것과는 다르다.

그런데요. 할아버지~
옥수수수염은 귀찮게 왜 이렇게 많아요?
벗겨서 버리는 것도 힘들어요.

허허. 귀찮다고 수염이 없으면 쓰나!
그러면 옥수수 알갱이도 만들어지지 않게 되지.
수염 하나에 옥수수 알갱이 한 개거든.

실제로 옥수수수염은 수정을 위해 꽃가루가 이동하는 통로다.
옥수수 알갱이를 만드는 중요한 역할을 한다.

세상 보기 - 프레임
순간을 지나치면 아무것도 존재하지 않는다. 시도하고 관찰하자. 기록하고 공유하자. 그게 메타포다.

"여기는 먼지 나는 공사장입니다."

강남구 아파트 재건축 현장 일대, 2014

'여기는 아름다운 갤러리입니다."

세상 보기 - 프레임
길을 가다 돌부리에 걸려 넘어졌다. 어떻게 받아들이겠는가? 프레임은 어떤 상황에서도 존재한다.

결과를 받아들이는 선택은 오로지 자신이 하는 것이다.
이외수의 생존법 - 하악하악 28P 내용 참조
*source : thenounproject.com, www.freepik.com

세상 보기 - 프레임
보이는 순간순간을 아름답게 간직하는 능력은 정서와 마음이라는 창의 크기와 비례한다.

作品名 : 설경을 담아내는 법

눈이 참 많이 온 날, 하이원리조트 주차장 2014

의미 찾기 - 다르게 보기
하나의 꽃이 떨어져야 하나의 열매가 맺힌다. 하나를 얻기 위해서는 이별할 무엇이 꼭 필요하다.

통찰은 다르게 보는 것이다.
단, 새로운 의미가 보일 때까지

아이디어 : 박규상

**A는 결과를, B는 과정을 보지만
C는 아픔을 본다.**

우리는 스스로 세워버린 완벽증 때문에 아무것도 하지 못할 때가 많다.
버릴수록 더 얻는다.
*source : thenounproject.com

의미 찾기 - 다르게 보기
새로운 의미를 찾기 위해 다르게 보는 노력은 오랜 습관과 이별하는 것. 그래서 성공 확률이 매우 낮다.

습관과 이별하는 것은
정차역이 아닌 곳에서 뛰어내리거나

**간절히 원하는 카드가
나올 확률보다 훨씬 더 어렵다**

*source : latinbooker/openclipart.org
*source : johnny_automatic/openclipart.org

의미 찾기 - 다르게 보기
상징(랜드마크)의 핵심은 그 자체의 특별함을 사람들이 얼마나 인정하느냐에 달려있다.

미국 시애틀 Space Needle

의미 찾기 - 다르게 보기
옆 사람과 똑같이 볼 수 있는 것도 능력이다. 하지만 가능하다면 다르게 보는 것이 더 창의적이다.

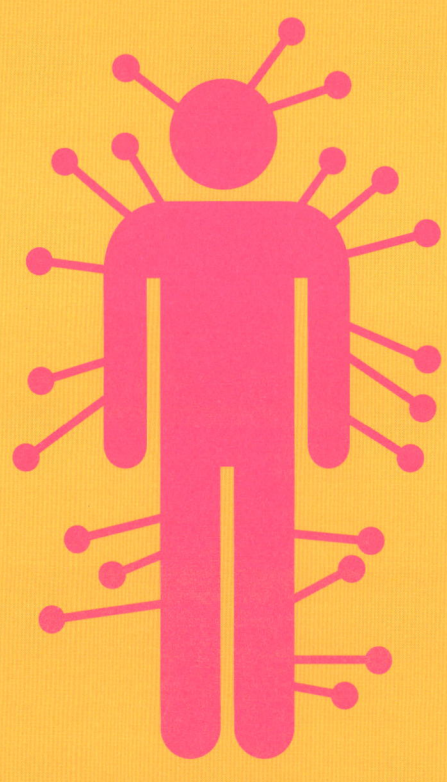

인터넷 댓글의 폭력성 수준

*source : thenounproject.com

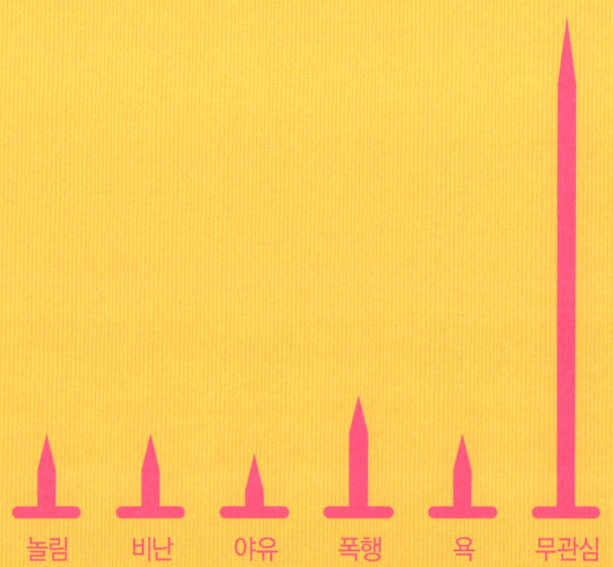

남을 아프게 하는 것들의 세기

의미 찾기 - 마음으로 보기
2시간짜리 영화를 하나의 비유로 설명해보라. 영화 [달콤한 인생]의 스승과 제자 이야기는 어떤가.

어느 맑은 봄날,

바람에 이리저리 휘날리는 나뭇가지를 바라보며, 제자가 물었다.

"스승님, 저것은 나뭇가지가 움직이는 겁니까, 바람이 움직이는 겁니까?"

스승은 제자가 가리키는 것은 보지도 않은 채, 웃으며 말했다.

무릇 움직이는 것은 나뭇가지도 아니고 바람도 아니며, 네 마음 뿐이다.

- 영화 [달콤한 인생] 인트로 나레이션 -

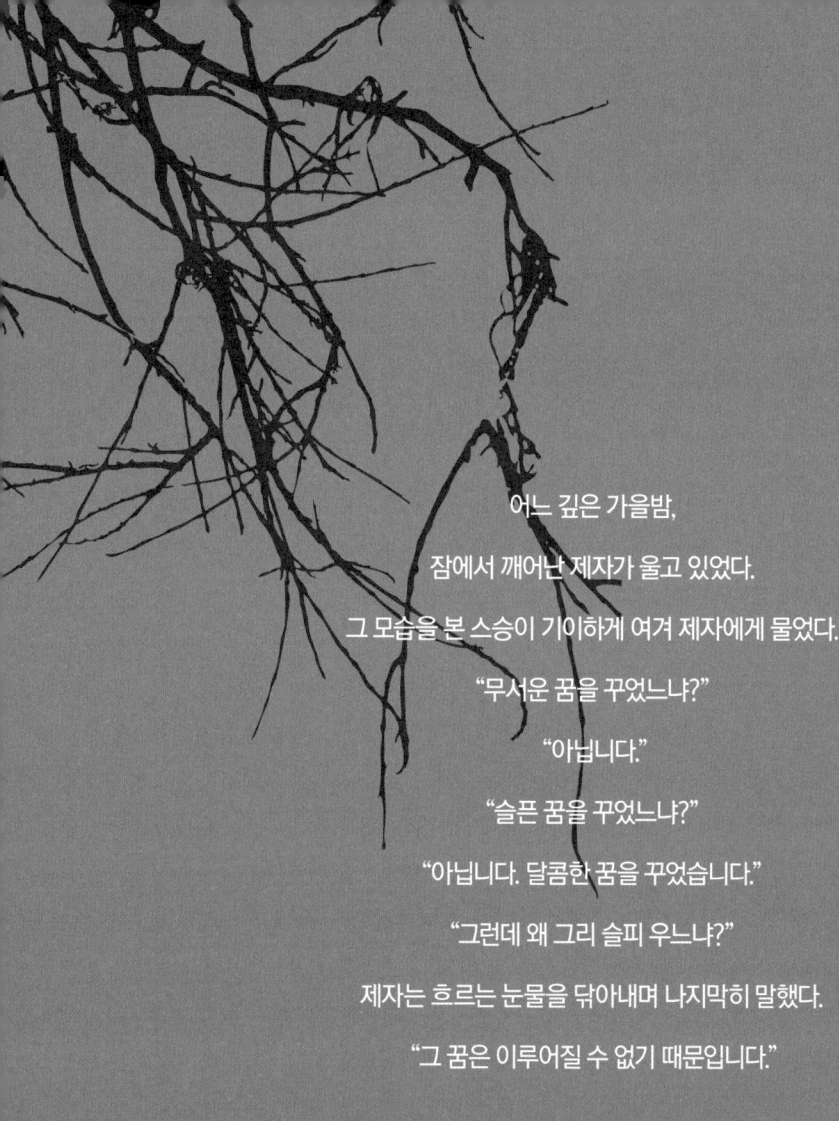

어느 깊은 가을밤,

잠에서 깨어난 제자가 울고 있었다.

그 모습을 본 스승이 기이하게 여겨 제자에게 물었다.

"무서운 꿈을 꾸었느냐?"

"아닙니다."

"슬픈 꿈을 꾸었느냐?"

"아닙니다. 달콤한 꿈을 꾸었습니다."

"그런데 왜 그리 슬피 우느냐?"

제자는 흐르는 눈물을 닦아내며 나지막히 말했다.

"그 꿈은 이루어질 수 없기 때문입니다."

- 영화 [달콤한 인생] 엔딩 나레이션 -

*source : enlivendesigns/openclipart.org

의미 찾기 - 마음으로 보기
보는 마음에 따라 의미가 달라진다. 무엇이 보이는가. 무엇을 볼 수 있는가. 무엇이라고 말하겠는가.

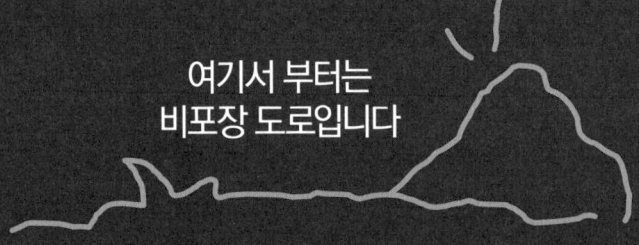

"아. 진짜...대박"

아스팔트가 없는 곳 = 비포장 = 불편함

의미 찾기 - 마음으로 보기
그래서 관찰이라는 마음의 눈은 불행과 행복을 동시에 가져온다.

아스팔트가 없는 곳 = 자연 = 행복

대관령삼양목장 들어가는 길. 강원도 평창군 대관령면 횡계리

"와, 진짜 자연이네!"

새로운 시각 - 언어유희
'이것은 파이프가 아니다.'를 마그리트만 할 수 있다고 생각해서는 안 된다.
누구나 의미는 부여할 수 있다.

'설득'이라는 알찬 열매를 위해 지지대를 심었다.
이것은 파이프가 아니다.

파이프

스토리

정보

콘텐츠

*르네 마그리트 (Rene Magritte)는 [이미지의 반역]이라는 작품에서 '이것은 파이프가 아니다'라는 문구로 관람객들을 혼돈의 도가니로 빠져들게 했다.

이미지의 반역, 르네 마그리트
La trahison des images(ceci n'est pas une pipe)

메타포

고추

인포그래픽

내용

새로운 시각 - 언어유희
사람들을 웃게 만드는 것은 철저한 논리와 뛰어난 감성이 아니다. 있는 그대로를 쉽게 표현하는 언어다.

선입금 원칙

알려드립니다.
저희는 원가 부담 때문에
선입금을 원칙으로 합니다.
입금확인 후 작업을 진행하고 있으니
이 점 양해해 주시기 바랍니다.

*source : www.flaticon.com

선 띵동~
후 출발~

알려드립니다.
저희는 원가 부담 때문에
선입금을 원칙으로 합니다.
입금확인 후 작업을 진행하고 있으니
이 점 양해해 주시기 바랍니다.

프리 선언한 신영일 아나운서 방송 내용(라디오 스타) 참조. 2011

새로운 시각 - 언어유희

풍자와 해학이 묻어나는 언어는 마술이 된다. 사실의 정확성 위에 시류의 방향을 제시하기 때문이다.

KBS, MBC, SBS에 모두 소개된 뚱땡이 할머니 원조 충무김밥집!

KBS, MBC, SBS 한 번도 소개되지 않은 진짜 원조 할머니 충무김밥집!

인간세상은 욕심이 과할 때가 참 많다.
전국 뿐만 아니라 충무김밥의 원조 동네 통영에만 해도 원조 할머니집이 너무 많다.

달의 키스…
해는 눈을 감았다.

1948년 이래 최대 일식

권오성, 오철우 기자 / 한겨레 2009. 7. 22.

이번엔 '두산' 넘었다.
하지만 '두 산' 남았다.

삼성, 한국시리즈 5차전서 승리 '기사회생'

경남신문 2013. 10. 30.

회사는 '허리띠' 조이고
노조는 '머리띠' 조이고

한국 자동차의 두 얼굴, 원가절감 비상경영

헤럴드경제 이정환 기자 / 2008. 6. 23.

한국편집기자협회의 [이달의 편집상] 수상작들을 감상해보자.
http://www.edit.or.kr

새로운 시각 - 언어유희

우리는 다양한 감각으로 상황을 인식한다.
때론 느낌, 빛과 색깔, 가능성 등이 문자라는 언어적 논리를 이긴다.

Off the Air = On Air

On Air = On Air

의외로 비정상을 정상으로 인식하는 경우가 많다.
의문을 품었다면 답을 찾아보자.

새로운 시각 - 압력

동일한 것에서 새로운 것을 볼 수 있는 능력은 축적된 정보에 비례한다.
채움이라는 압력이 필요하다. 달도 차야 기우는 법이다.

열정이 충분하지 않으면 의지도 금방 식어버리고

경험이 많아야 다양한 사고가 넘쳐 흐르게 된다.

아이디어 : 박규상
*source : www.flaticon.com

쌓은 것이 많아야 옳게 말하거나 쓸 수 있고

많은 지식은 현명한 선택을 만들고   다양한 시도는 재미를 증폭시키며

이 모든 것들이 모이면 자만이 아닌 겸손을 만든다.

새로운 시각 - 숨바꼭질
누구나 처음은 있다. 새로운 길을 찾고 여는 사람은 여정이 힘들지만 '선구자'라는 칭호를 얻게 된다.

요즘은 차량 번호를 입력하며 자동으로 위치를 찾지만, 그 이전에는 이렇게 마음을 담았다.
신세계백화점

길도 처음 여는 사람이 있는 법, 강원도 오대산 선재길

새로운 시각 – 숨바꼭질
시작이 거창할 필요 없다. 옆집 할아버지 농부에게 물어보고, 천천히 바라보면 정보와 의미가 넘치니까.

도라지를 촘촘히 심는 것은
곧게 뻗은 도라지를 위한 농부의 007작전이다.

그렇지 않으면 우리가 보고 먹는 도라지로 자라지 못한다.
정보놀이는 언제 어디서나 Why만 붙이면 된다.

유독 아름다워 보인다면
이는 주변 친구들의 많은 희생 때문이다.

메타포는 곳곳에 숨어있다. 양평 두물머리는 사진 동호인들이 뽑는 명소다.
세미원 2013

새로운 시각 - 숨바꼭질
오늘 나눈 대화에도, 라디오에서 들려오는 노래 가사에도 꼭꼭 숨어 있는 메타포를 찾아 나설 때다.

두 바퀴로 가는 자동차

네 바퀴로 가는 자전거

「두 바퀴로 가는 자동차」는 밥 딜런의 곡(Don't think twice, It's alright)으로, 1973년 가수 양병집이 불렀으며, 고(故) 김광석이 부르면서 널리 알려졌다. 부조리한 사회를 유쾌하게 비꼬아서 풍자한 곡이다.

메타포 대여점

세상에 좋은 것을 사용하고도 돈이 들지 않는 것이 있다. 메타포를 할때도 비용을 지불하지 않는다. 그런데도 사람들은 잘 사용하지 않는다.

메타포의 발견 - 연결하기
이름을 불러주고, 꿰어야 자신이 보는 것을 표현할 수 있다. 어떻게든 조합하고 꿰어야 한다.

구슬이 서 말이라도 꿰어야 보배

펄러비즈는 원통형 비즈를 돌기가 있는 판 위에 픽셀아트 형식으로 정렬 후
기름종이를 올리고 다리미로 눌러 문지르면 재미있는 캐릭터가 뚝딱 만들어진다.

조합하려는 노력이 새로운 의미를 만든다.

메타포의 발견 - 연결하기
속도가 아니라 방향이 우선이지만, 메타포를 잘 쓰려면 방향을 잡은 후 빠르게 속도를 내야 한다.

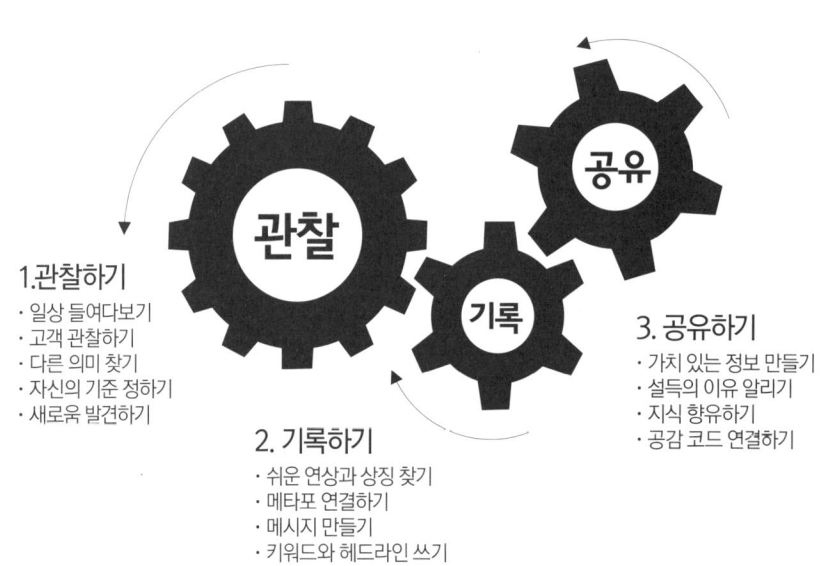

INFOGRAPHIC VISUAL THINKING

1. 관찰하기
- 일상 들여다보기
- 고객 관찰하기
- 다른 의미 찾기
- 자신의 기준 정하기
- 새로움 발견하기

2. 기록하기
- 쉬운 연상과 상징 찾기
- 메타포 연결하기
- 메시지 만들기
- 키워드와 헤드라인 쓰기

3. 공유하기
- 가치 있는 정보 만들기
- 설득의 이유 알리기
- 지식 향유하기
- 공감 코드 연결하기

방법은 누구나 알고 있지만
우리의 핑계는 밤하늘의 별처럼 많다.

관찰과 기록, 그리고 공유를 무한 반복하다보면 놀랄만한 것들이 만들어진다.
NAVER blog App, iOS

메타포의 발견 - 관찰
아무리 봐도 보이지 않는다면 안과 상담이 아니라 심리 치료를 받아야 한다. 메타포는 마음이 눈이다.

순간을 잡아내는 능력은 모든 것을 이긴다.
율리우스 포프가 부럽다.

떨어지는 물방울로 만드는 예술 - bit Fall, Julius Popp, 여주 강천보 한강문화관

```
A problem has been detected and windows has been shut down to prevent damage
to your computer.

If this is the first time you've seen this stop error screen,
restart your computer. If this screen appears again, follow
these steps:

Check to be sure you have adequate disk space. If a driver is
identified in the Stop message, disable the driver or check
with the manufacturer for driver updates. Try changing video
adapters.

Check with your hardware vendor for any BIOS updates. Disable
BIOS memory options such as caching or shadowing. If you need
to use Safe Mode to remove or disable components, restart your
computer, press F8 to select Advanced Startup Options, and then
select Safe Mode.

Technical information:

*** STOP: 0x0000008E (0xC0000005,0xB98FD04B,0xA7C79BA0,0x00000000)


***        EstCst.sys - Address B98FD04B base at B98F8000, DateStamp 51a3092a
```

어떤 상황은 0.5초도 안 되는 시간에 사람을 미치고 팔짝 뛰게 만든다.
사건의 전조를 발견하는 것도 메타포의 시작이 된다.

시간소비 시대에서 자신의 컴퓨터에 블루스크린이 뜨면 전문가를 찾는 것이 더 현명하다.

메타포의 발견 - 관찰
아무리 맛난 음식이라도 3번 먹으면 질리는 법, 메타포도 좀 더 다르게 상상하고 연결하면 더 맛있다.

겨울을 떠올려보자. 주제를 상상하고, 그동안 사용한 적 없는 놈을 찾아 연결하자.
*source : icomonstr.com

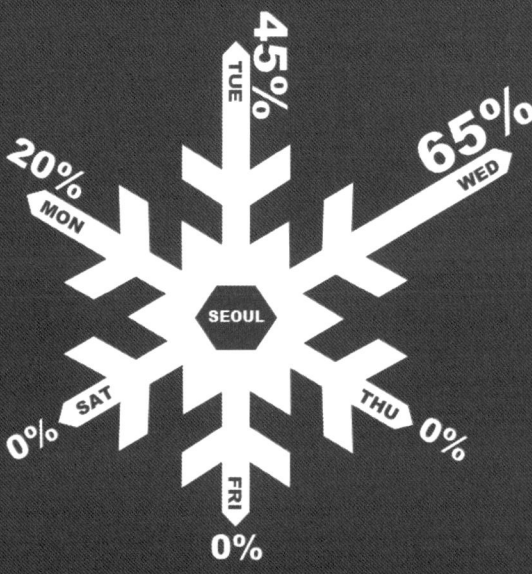

메타포의 발견 - 눈높이
보려고 하는 것이 배경인지 주인공인지 명확히 해야 한다. 스스로의 눈높이를 높여야 상상이 자유롭다.

무엇을 보려고 하는지 분명해야 한다.

생각대로 말하고 표현하려면 자신의 눈높이를 최대치로 올려야 한다.

해마다 스키장에서는 안전을 위해서 '눈높이 슬로프'를 강조한다.

메타포의 발견 - 눈높이
똑같더라도 눈을 맞추면 다르게 보인다. 다르게 보이지 않는다면 눈높이가 잘못 설정된 것이다.

메타포가 항상 멋지고 세련될 필요는 없다. 다시 한 번 강조하지만 눈높이.
*source : iconmonstr.com

투자는 이미 한계치를 벗어났습니다.

새로운 경로를 재탐색해야 합니다.

메타포 빌려오기 - 써 보기
비유를 많이 알고만 있는 것과 잘 사용하는 능력은 땅과 하늘이다. 일단 써보면 의외로 답이 쉬워진다.

마린 Q&A
Q&A about the Sea

Q&A 03 심해의 해령과 열곡 근처에 분포한 것으로 마그마에 의해 데워진 금속을 포함한 열수가 나오는 이곳은 무엇일까요?

Q&A 04 바닷물에 녹아 있던 금속 성분이 수천 년에 걸쳐 침전되어 형성된 물질로 망간, 구리, 니켈 등이 주를 이루는 이 물질은 무엇일까요?

Q&A 05 제주는 신생대 제 3기말 현무암이 해상에서 분출되어 계속적인 화산활동으로 만들어진 지형입니다. 제주처럼 화산활동으로 생성된 지형을 무엇이라고 할까요?

Q&A 06 국내 순수 기술로 만든 무인 잠수정으로 수중카메라를 탑재하여 해저를 탐사하는 이 장비를 무엇이라고 할까요?

Q&A 07 바다 밑에 초음파를 발사하여 바닷물의 깊이를 재는데, 이때 사용하는 측정기를 무엇이라고 할까요?

Q&A 12 바다가 달과 태양의 인력으로 인해 조기적으로 해수면이 상승하고 하강하는데, 해면이 최고로 모였을 때를 무엇이라고 할까요?

Q&A 13 열대성 저기압으로 중심 최대풍속이 17m/s 이상으로 폭풍우를 동반하는 이 현상을 무엇이라고 할까요?

Q&A 14 바닷물의 온도가 높아져 페루 해류와 연안 용승현상을 일으키어 미국과 동남아 지역의 어류 및 해양 생물을 감소시키는 이상 기후현상을 무엇이라고 할까요?

Q&A 15 연안 또는 심해의 파랑에너지를 이용하여 전기를 생산하는 발전기술을 무엇이라고 할까요?

Q&A 16 연안 어장에서 잠수하여 빗창 등의 도구를 사용하여 해산물을 채취하는 사람을 무엇이라고 부를까요?

두드리면 열릴 것이다.
궁금증의 문을 열어라.

아쿠아플라넷 제주, www.aquaplanet.co.kr/jeju
*source : www.flaticon.com

메타포 빌려오기 - 써 보기
유치하다고 생각하면 끝이다. 걱정은 적용해 본 후에 해도 늦지 않다. 어떻게든 빠르게 대입시키자.

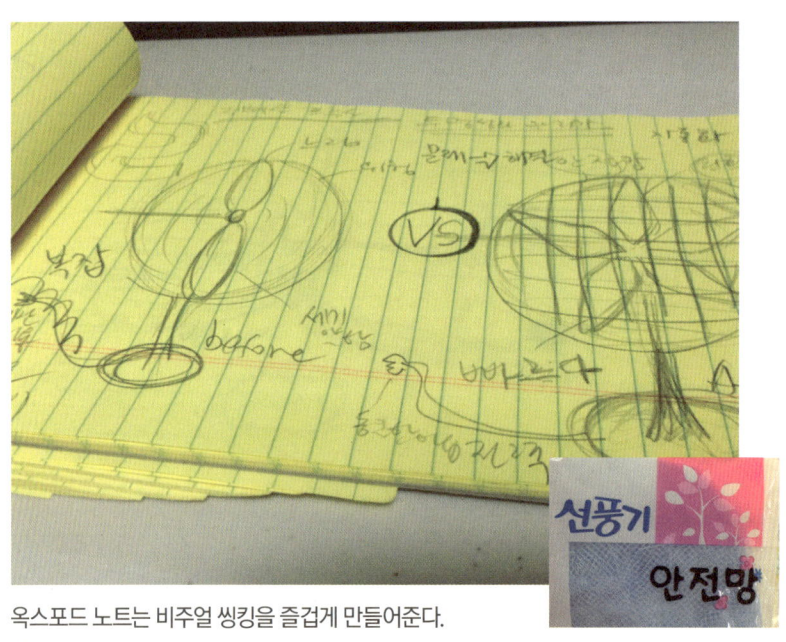

옥스포드 노트는 비주얼 씽킹을 즐겁게 만들어준다.

사회적 안전망

시스템이 잘 돌아가는

속도가 느린

수 없이 많은 낙서와 메모가 모여야 제대로 된 메타포 사용이 가능하다.
*source : thenounproject.com

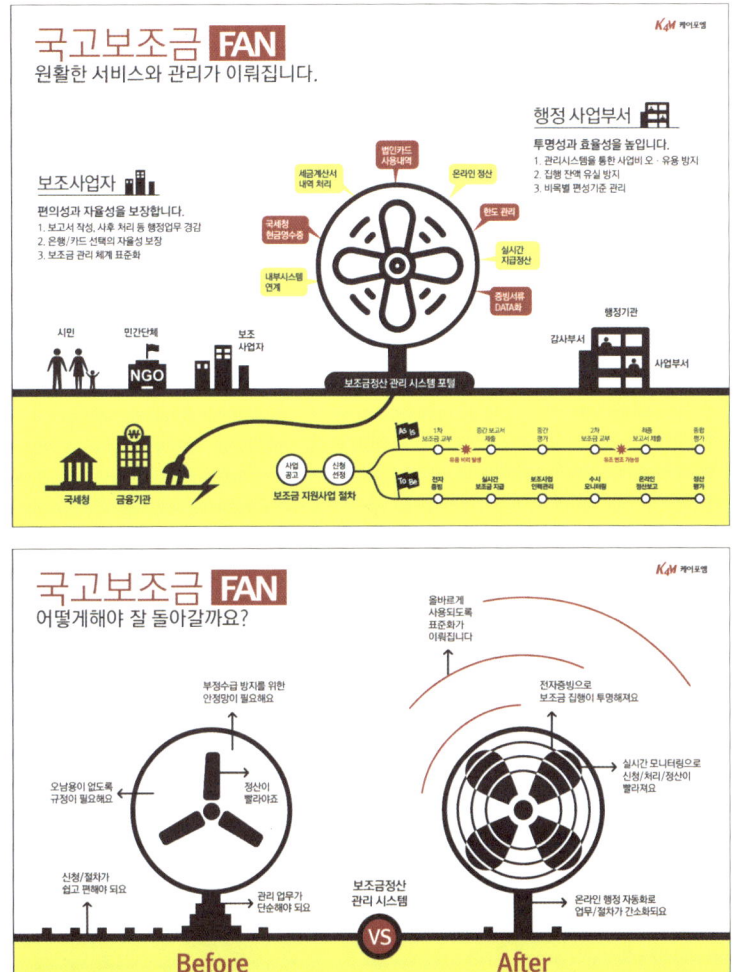

메타포 빌려오기 - 써 보기
세상은 직관을 빌려주는 거대한 공장. 누구나 빌린 후 자기 직관을 더해서 재탄생 시키기만 하면 끝.

사각형, 네모, 정렬

모듈, 패턴, 유닛

모듈방식, 합치거나 분리하거나

Microsoft 윈도우폰, 삼성아티브프로 윈도우8 UI

메타포 빌려오기 - 써 보기

모든 것들에게서 패턴을 발견하자. 세상 속에 숨어 있는 재미있는 모듈을 찾자. 그리고 응용하자.

모듈방식으로
중요도와 양에 따라서
합치거나 분리하자!

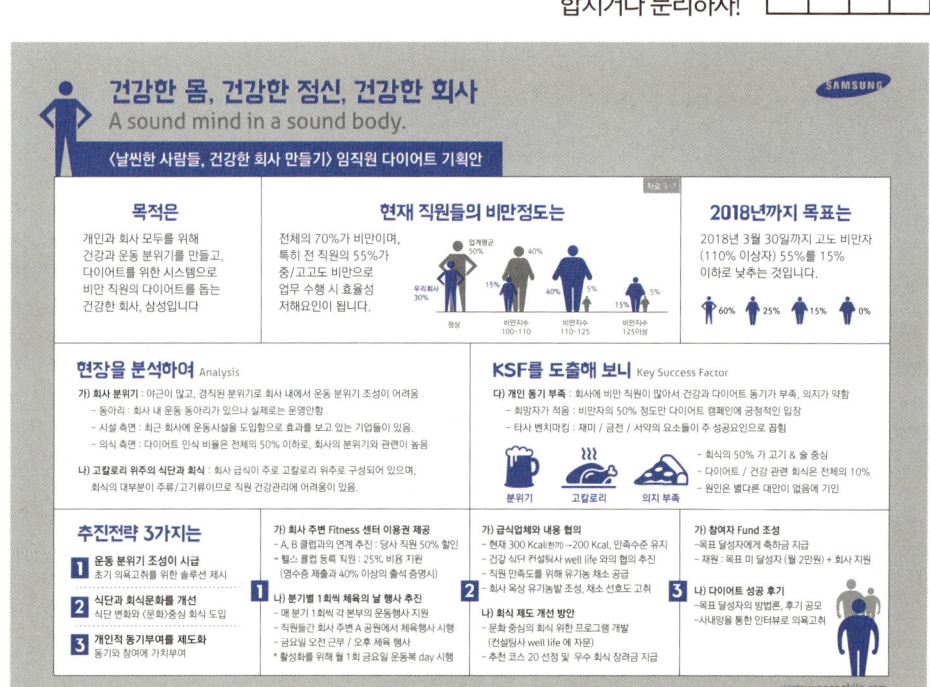

내용 참조 : 한 페이지 보고서 기획서, 김용무 소장

중요한 것은
넓고 양을 많게!

내용 참조 : NHN Search Marketing
*source : www.iconfinder.com, www.openclipart.org

메타포의 재탄생 - 가설 세우기
보이는 대로, 마음 가는 대로, 발길 닿는 대로 가보자. 상상하면 나만의 이야기가 완성된다.

민들레 홀씨 : 민들레 갓털이 올바른 표현, 그런데 너무 이상하다. 자장면처럼

지식의 향유

향유 : enjoyment, 함께 누리어 가지다

메타포의 재탄생 - 가설 세우기
빌려온 생각이 흘렀다면 그 골짜기를 기억하자. 그리고 다른 곳에 둥지를 틀면 새로움으로 탄생한다.

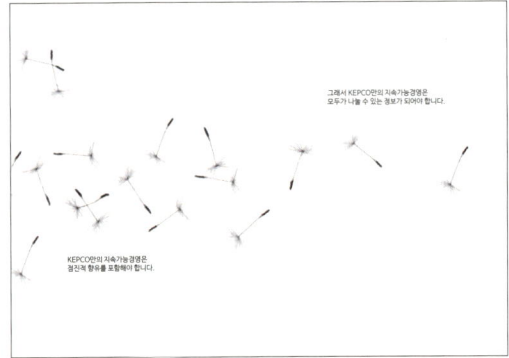

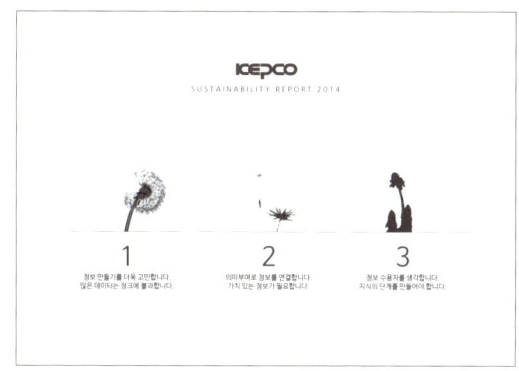
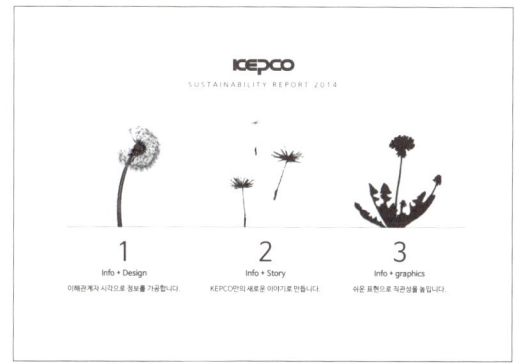

KEPCO 지속가능경영보고서 제작을 위한 제안 Prototype

메타포의 재탄생 - 가설 세우기
자신의 경험을 녹여내는 것은 모두 논리적이다. 억지 없는 가설이라면 저마다 뜻을 담을 수 있으니까.

스마트는 손가락만 살아있는 그로키 상태, 빅데이터는 데이터의 공격

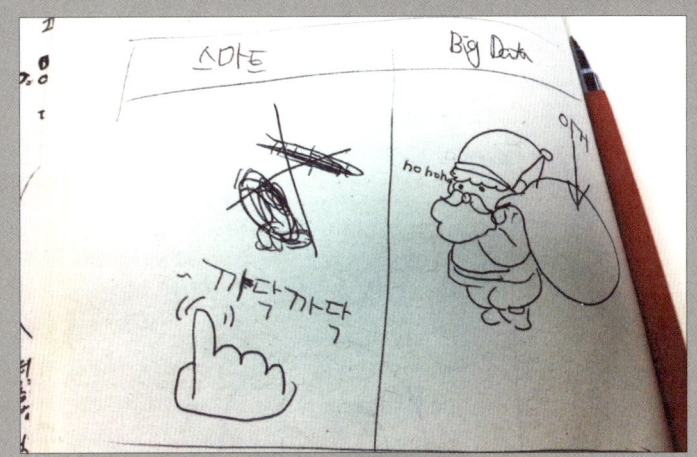

스마트는 까닥까닥, 빅데이터는 무엇인지 모를 선물

수강생 아이디어 : 백형목, 권희숙

스마트는 실시간 검색어, 빅데이터는 끊임없는 사건 사고들

스마트는 여유로운 출근길, 빅데이터는 지옥철

수강생 아이디어 : 이름 미상

메타포의 재탄생 - 가설 세우기
사물을 빌려올 때 명심할 것은 사물 그대로 사용하되 목소리는 바꿔줘야 공감이 생긴다는 것이다.

균형만으로 평등을 만들 수 없습니다.

메타포 사용내역

무엇에 빗대거나 상징을 앞세워 말하는 것은 상대를 위하는 것처럼 보이지만 실제는 설득하고 전달하려는 나를 위한 것이다. 그래서 더 친절해야 한다.

메타포 찾기 - 관점
어렵다 말고 마음먹고 주위를 돌아보자. 우리가 사용할 메타포는 모래알처럼 셀 수가 없다.

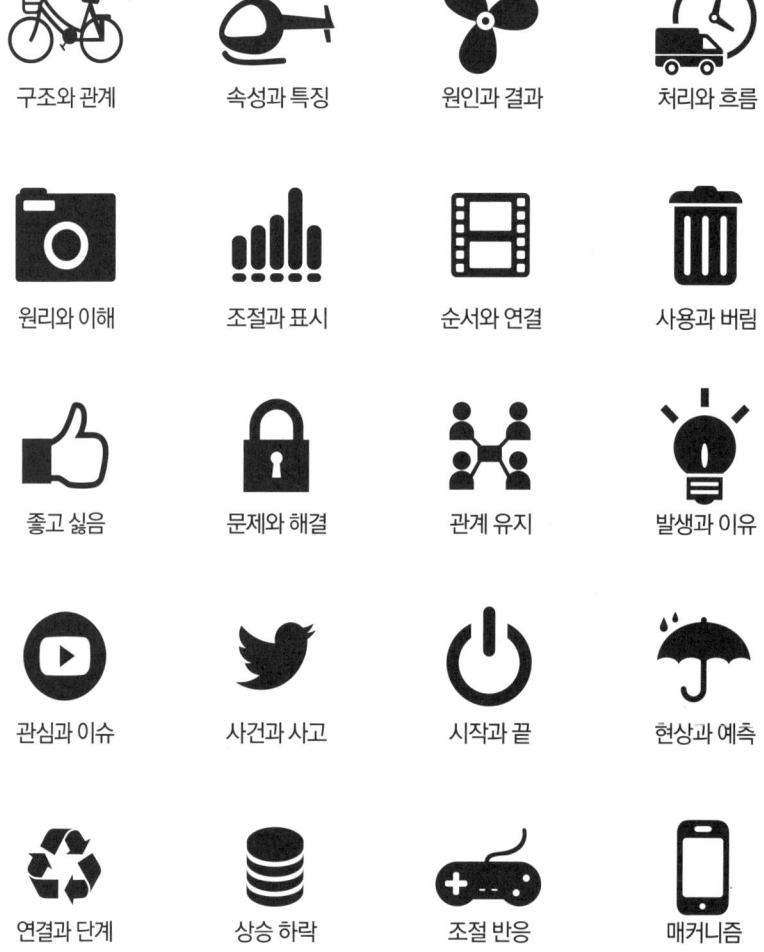

*source : www.flaticon.com

방향, 운영, 동력 　　상승과 하락 　　전달자 수용자 　　출발과 도착

찰나와 선택 　　크기와 높이 　　직렬과 병렬 　　관계의 미학

이성과 감성 　　결혼과 이혼 　　갑과 을 　　세기와 밝기

클릭과 광고 　　자랑과 비난 　　우선순위 　　기대와 실망

균형과 흐름 　　성공과 실패 　　체감 속도 　　무인도

메타포 사용내역 137

메타포 찾기 - 관점

눈 앞의 광경을 그대로 받아들이는 것을 거부하자. 무엇과 비슷한지, 무엇과 연결할지를 상상하자.

새로 지은 빌딩의 주차장에서는 출입구 표시가 선명하다.

정 중앙만 피해서 촬영해두면 인포그래픽과 연결이 쉬워진다.

스마트폰 촬영시 격자를 사용하면 쉬워진다. iphone 5

이미지 인포그래픽은 재미있게 연출된다. 발표의 표지로도 가능하다.

메시지만 명확하다면 어떤 것을 상상해도 가능하다.

삼성SDS 주차장 벽면
*source : thenounproject.com

메타포 찾기 - 관점
그냥 보면 풀에 지나지 않지만, 자세히 보면 오늘 보고하고 발표할 자료의 핵심 메타포가 되곤 한다.

세 잎 클로버 / 심장 / 꽃 말 : 행복

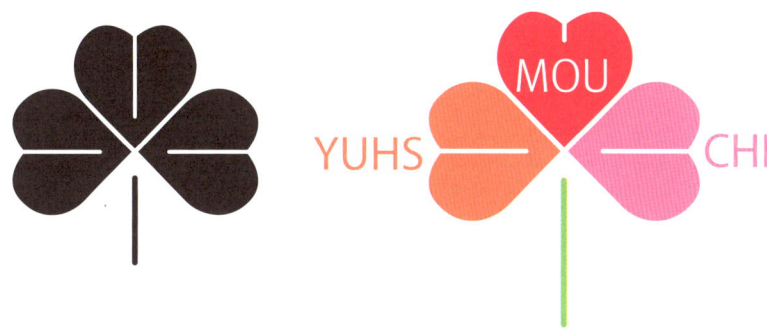

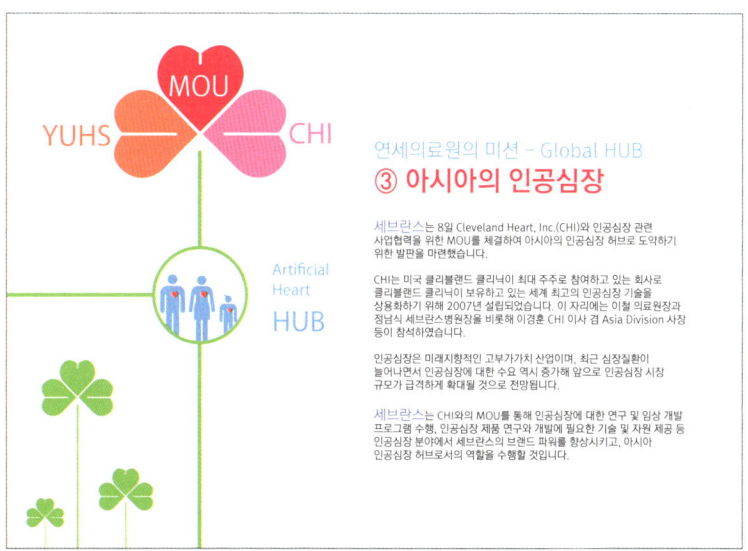

연세의료원 홈페이지 게시판 참조. www.yuhs.or.kr
*source : thenounproject.com

메타포 찾기 - 관점

오늘 먹은 점심 메뉴, 지하철에서 만난 불쾌지수, 주말 자전거 여행 등 너무 많다. 관점이 너무 작을 뿐.

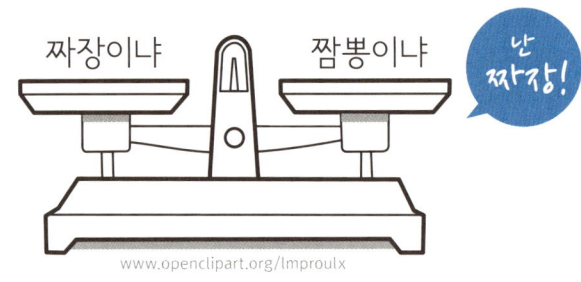

시간 소비에 따른 가치확산의 사다리

사용할 메타포는 화창한 날 빨래처럼 널려 있다. 잘 주워담으면 된다.
「15분 발표 심리」 박규상·우석진, 샌들코어

완결되지 않은 상태로는 뛸 수 없다는 것과
좋은 성과를 내지 못한다는 것 때문에 우리는 늘 불안해한다.

www.openclipart.org/Anonymous

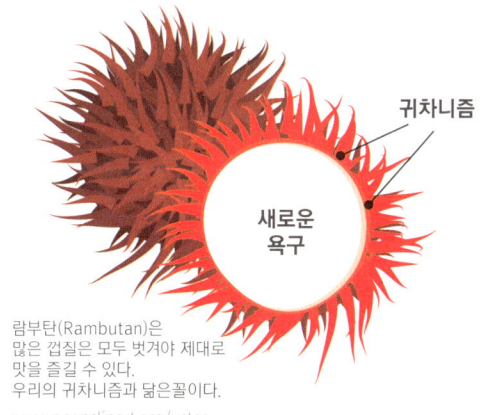

귀차니즘

새로운
욕구

람부탄(Rambutan)은
많은 껍질은 모두 벗겨야 제대로
맛을 즐길 수 있다.
우리의 귀차니즘과 닮은꼴이다.

www.openclipart.org/ycteo

15분 발표에서 7분은 머리 칸과 꼬리 칸을 연결해주는 역할을 한다.
좋은 인상은 더 풍성하게, 나쁜 인상은 빠르게 지워야 할 시점이다.

메타포 정의하기 - 현상
삼라만상 모든 것에는 현상과 원리가 있는 법. 그래서 무엇이든지 이름을 불러주면 꽃이 된다.

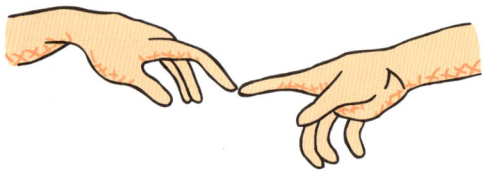

천지를 창조하는 힘 – 사랑

변화, 또는 변치 않음을 위한 노력 – 기도

하나를 위한 서로의 믿음 – 화합

*source : office.microsoft.com/en-us

사랑바위, 고수동굴, 충청북도 단양군 단양읍 고수리
1년에 0.2mm씩 자라지만 언젠가 석주가 되는 완전한 사랑을 꿈꾼다.

메타포 정의하기 - 현상
눈에 보이는 그 안쪽을 보자. 무엇을 말하고 있는지, 어떤 목소리를 내고 있는지 귀 기울여야 한다.

Ants

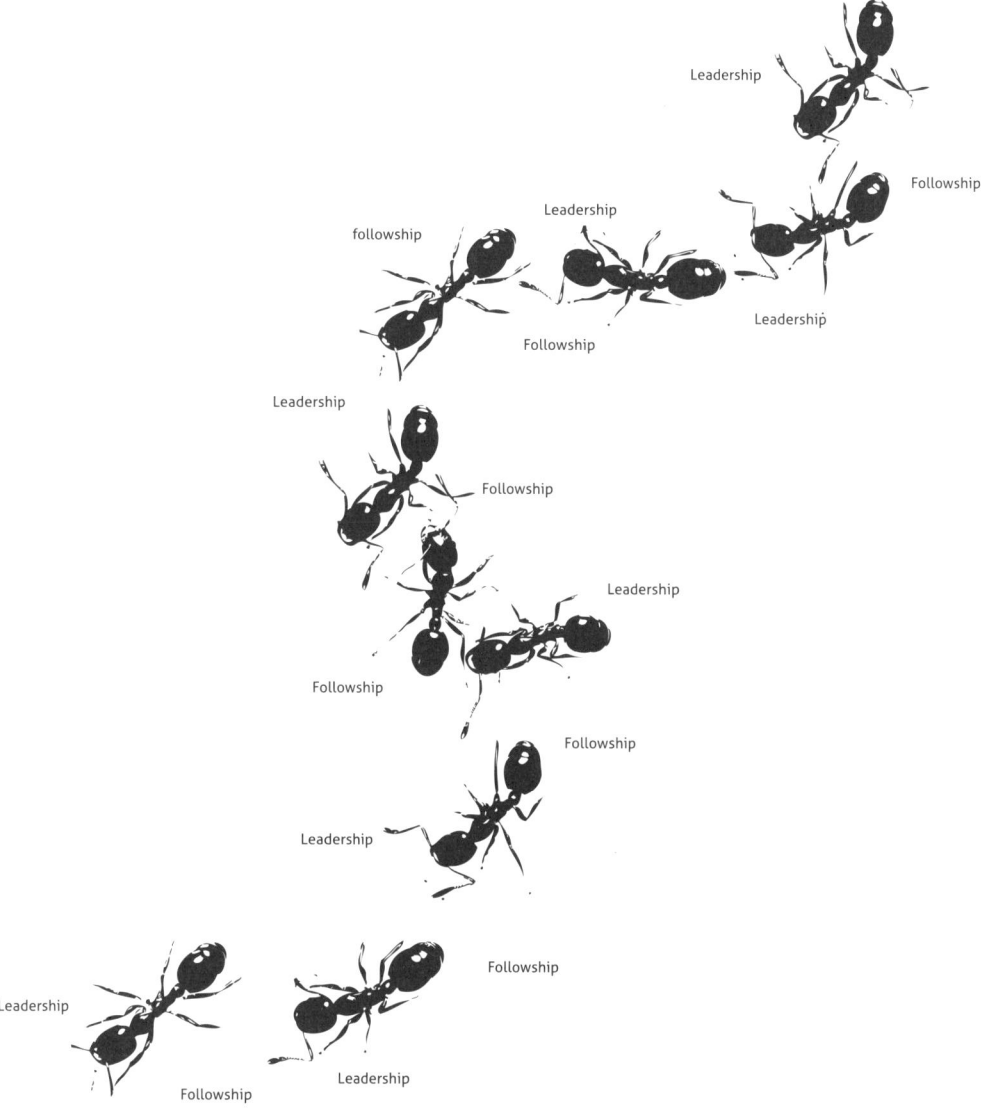

메타포 선택하기 - 의미
사물의 전설, 유래, 소문을 닥치는 대로 수집하고, 그 속에서 흥미로운 사실을 선택하자.

금단의 열매

치명적 유혹

Adam's apple

호기심, 열망
Apple Inc. 1976 Prototype

Color, Change
Apple Inc. 1976 ~ 1999

Innovation
Apple Inc. 1999 ~

메타포 선택하기 - 의미
색은 보는 시각에 따라 그 느낌이 카멜레온처럼 변한다. 컬러의 두 얼굴(긍정적, 부정적)을 꼭 기억하자.

휴식과 안정을 주는
Green

하지만 넌 힘이 없어!

언제나 긍정적인
Blue

그런데 왜 우울하지?

우리는 통하는 사이
Yellow

너무 어리게 보이는걸?

내 모든 정열을
Red & Orange

너무 강해서 부담되잖아.

자신의 느낌에 솔직할 필요가 있다. 내가 그렇게 생각하면 남도 그렇다.

포근하고 행복한
Pink

But, 여성스럽기만 해!

상쾌한 젊음
Mint

언제쯤 분명해질래?

젠틀한 품격
Gray

박쥐같은 느낌은 나혼자?

새로움이 필요할 땐
Purple

너무 지나치면 돌 + i

메타포 선택하기 - 의미
컬러는 하나의 상징보다 배색했을 때가 문제가 심각해진다. 대비 값을 높이는 것이 1차 조건이 된다.

아낌없은 주는 너

미래를 함께 합시다!

언제나 즐거운

최고의 시간을

*source : www.openclipart.org

내게도
사랑이 올까요

좌절금지
용기 충전팩

당신은
세련되고
지적인

오직
새로운 것들만

메타포 선택하기 - 의미
이미지는 금이다. 누구나 말하고 목소리를 들을 수 있다. 문자가 없을 때 메시지는 더욱 강렬하다.

그랜드 성형외과 지면 광고 http://bigantinternational.com

"이제 받지만 말고, 당신이 던질 차례입니다."

"너무 작지 않나요?"

메타포 선택하기 - 의미
생명이 없는 원, 세모, 네모에도 의미를 붙이면 그 생명의 힘은 커진다.

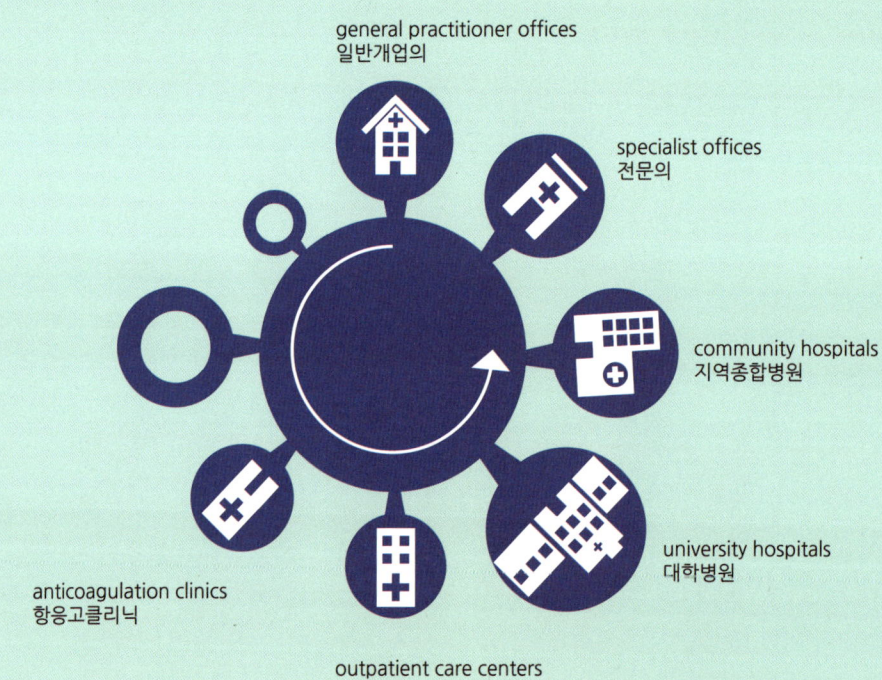

메타포 설계하기 - 구조
경험했다면 머뭇거리지 말자. 경험의 구조를 살피자. 물건의 구조는 어떠한지 살피자.

오후 2시 : 커피숍 미팅에서 찾은 메타포

바리스타가 머뭇거리는 제게 'Dutch'를 추천하네요.

*제목 폰트 : '한나체', 우아한형제들 http://www.woowahan.com 무료 배포

더치커피는 찬물로 추출을 하는군…

하루 종일 많은 시간이 필요하네…

그래서 맛이 더 깨끗한 거구나…

메타포 설계하기 - 구조
구조를 파악했다면 빗대어 설명해보자. 제법 그럴싸하다면 좀 더 과감하게 정의해보자.

오후 4시 : 사무실에서 제안서 작성의 메타포

그래서 새로운 제안은 'Dutch'와 같습니다.

*제목 폰트 : '한나체', 우아한형제들 http://www.woowahan.com 무료 배포

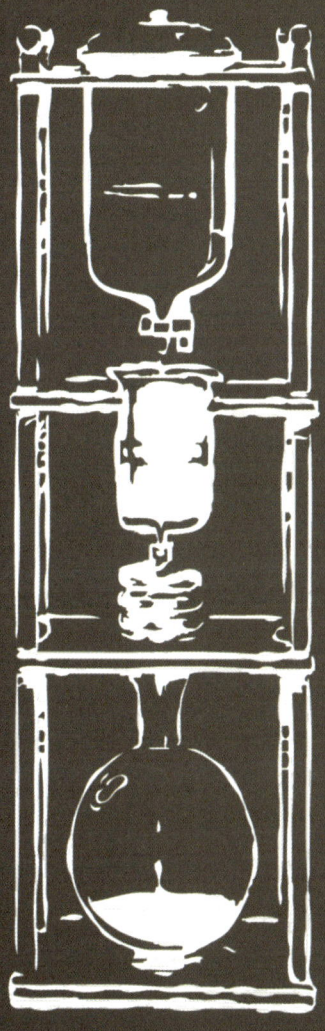

Data
기존 제안 자료에서 핵심을 추출하고

Info
고객입장에서의 새로운 정보로 가공해서

Message
이성과 감성을 더한 공감을 완성합니다.

메타포 설계하기 - 구조
상상만 하지 말고 빠르게 적용하다보면 어떤 것이 더 좋은지 판단할 수 있는 눈이 생겨난다.

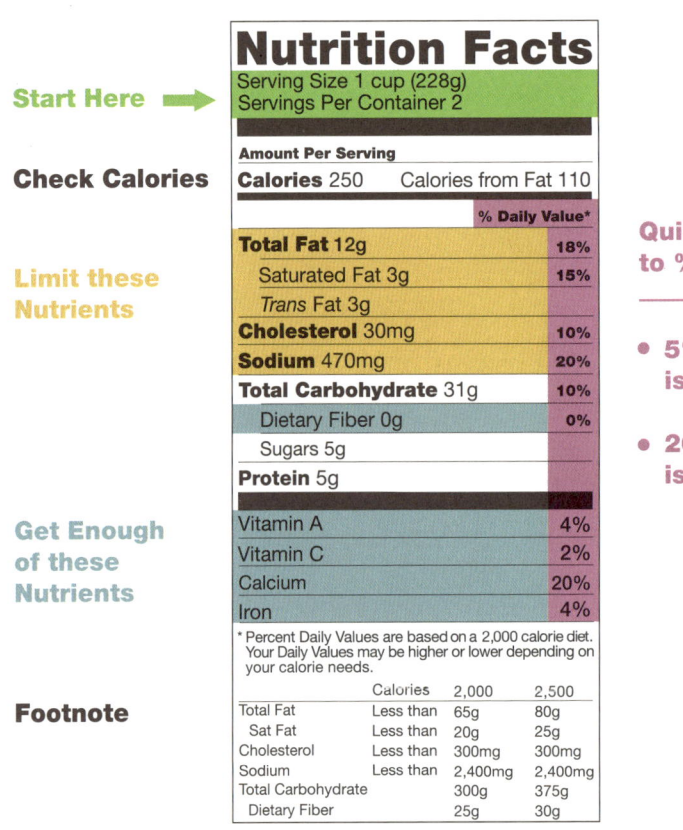

미국의 영양 성분 표시 기준

US Nutritional Fact Label http://en.wikipedia.org

Project

Nutrition Facts

Saving Size 60 day

AA	18%
AAA+	24%
AA+	16%
AAA+	38%
A	4%

* Percent Daily Values are based on a 2,000 calorie diet.
Your Daily Values may be higher or lower depending on
your calorie needs.

성공하는 프로젝트를 위한 영양 성분 표시

메타포 설계하기 - 구조
사물은 만져보고 써봐야 그 상태를 충분히 이해할 수 있다. 그래야 쉽게 가져다 쓸 수 있다.

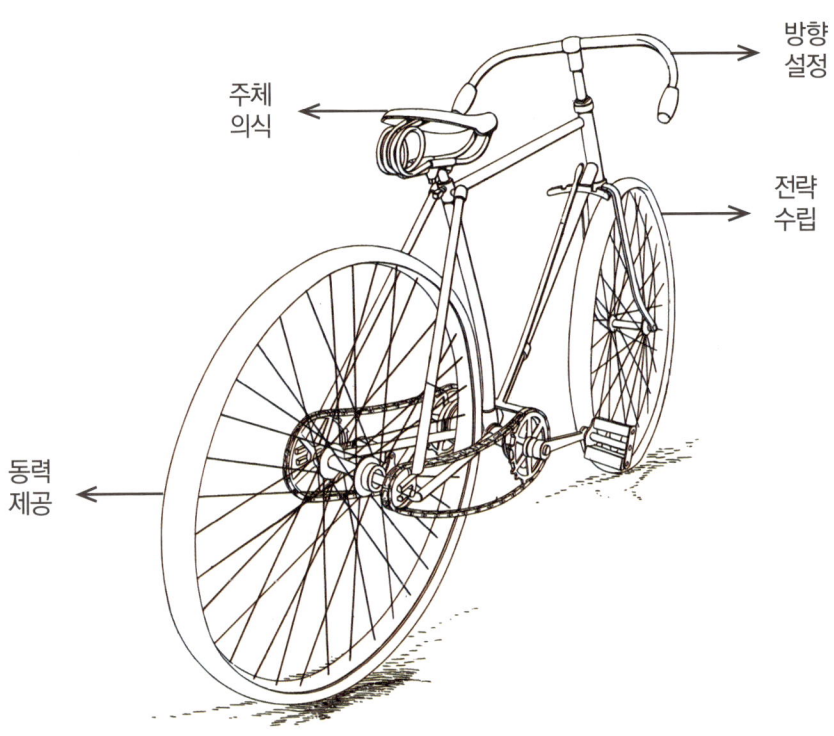

*source : boobaloo/openclipart.org

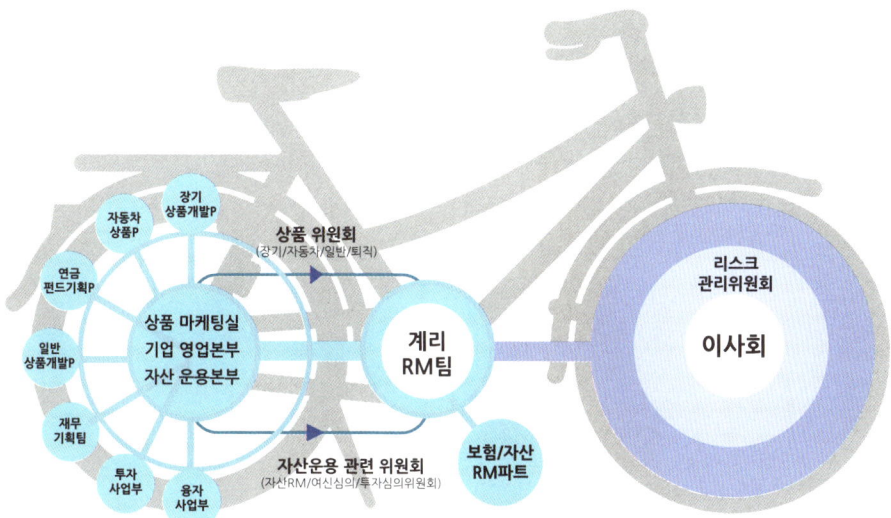

조직체계를 만들 때 박스는 그만 쓰자.
*source : thenounproject.com
1차 아이디어 : 성유진

메타포 사용하기 - 속성
사물을 설명할 수 있는 다양한 단어 중에서 내가 주장하려는 의도와 일치하는 것을 골라내야 한다.

메타포 사용하기 - 속성
남의 방식이 아니라 나의 방식, 나의 눈과 마음이 우선이다. 내가 좋아하고 잘하는 것으로부터 시작하자.

TIME IS M●NEY!

시간은 제한적입니다.
누구에게나 시간은 소중합니다.
그래서 우리는 시간 소비자입니다.
시간의 활용은 경제활동입니다.

*font : Bebas Neue, 네이버 나눔명조체

TIME IS SPEEEEEED!

20대는 시속 20Km
30대는 시속 30Km
40대는 고속도로 규정 속도
50대는 늘 과속
60대는 아우토반
시간은 언제나 나이와 비례합니다.

*font : masque, 서울시 남산체

메타포 사용하기 - 속성
있는 그대로를 보자. 그 속성을 잘 살펴보고, 그 자리의 항목을, 이름만 원하는 것으로 바꿔치기하자.

세상에 가치를 남기는 사업을 하는 방법

후회 없는 인생을 사는 법칙

메타포 사용하기 - 원리
다르게 사물을 보고 연결할 정보를 찾는 모습은 긍정적이다. 생각이 진화하면 메타포는 유쾌해진다.

*source : Anonymous/www.openclipart.org

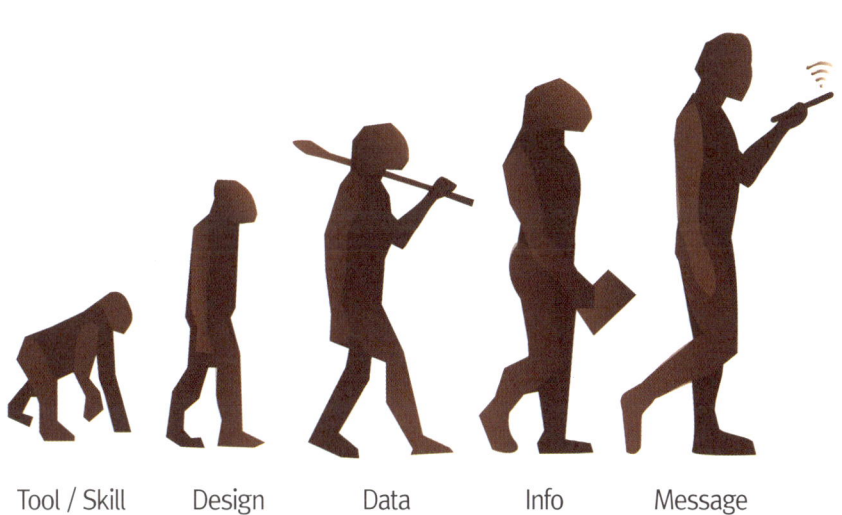

메타포 사용하기 - 원리
항목이 변하는 과정을 살펴보고, 그 자리를 다른 의미로 채워보자. 좀 더 다르게 말해보자.

충전의 시간이 필요합니다. 모두 소중한 순간입니다.

메타포 사용하기 - 원리
다른 것으로 대치한 후 완전한 문장으로 말을 해보자. 자연스럽게 느껴지도록 연결해보자.

건설은 변화가 필요합니다. 전면적인 검토를 하겠습니다.

메타포 사용하기 - 원리
지나가다 문득 드는 의문을 꼭 기억하자. 그리고 그 기억을 전하려는 메시지에 입혀보자.

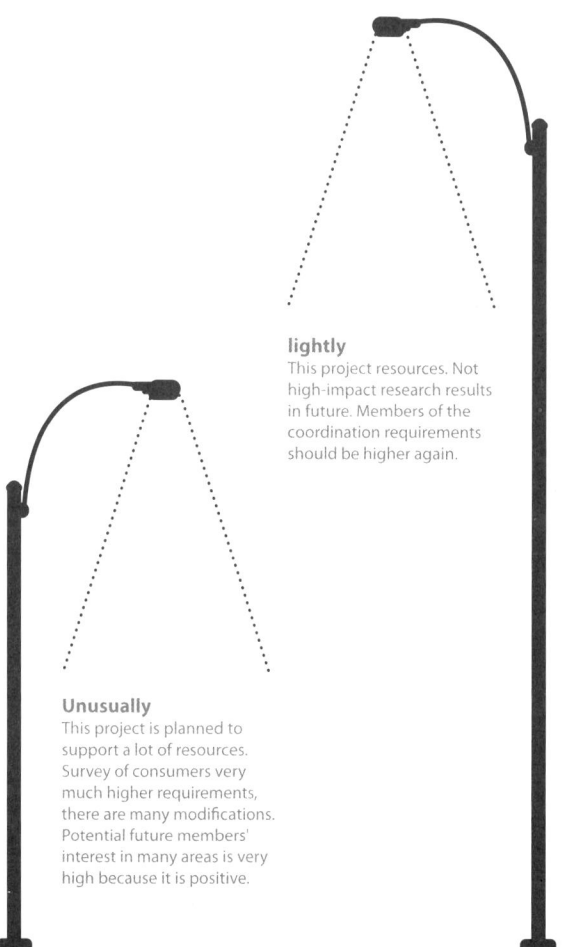

lightly
This project resources. Not high-impact research results in future. Members of the coordination requirements should be higher again.

Unusually
This project is planned to support a lot of resources. Survey of consumers very much higher requirements, there are many modifications. Potential future members' interest in many areas is very high because it is positive.

Strongly
The field is very similar to last year and are kept in the form. Maintenance of existing resources and the need to change the field to find a new leader as well. 'll Find it quickly good leader.

*source : thenounproject.com

메타포 사용내역 179

메타포 사용하기 - 원리
가로등의 쓰임새를 사업의 투자 현황으로, 그 밝기를 투자 크기로, 높이를 범위로 항목을 바꿔보자.

lightly
This project resources. Not high-impact research results in future. Members of the coordination requirements should be higher again.

Strongly
The field is very similar to last year and are kept in the form. Maintenance of existing resources and the need to change the field to find a new leader as well. 'll Find it quickly good leader.

Unusually
This project is planned to support a lot of resources. Survey of consumers very much higher requirements, there are many modifications. Potential future members' interest In many areas is very high because it is positive.

1500K

The results, costs money. But look at the side of the results is only possible to maintain the current investment and positive.

470K

Investment that needs to be minimized. Still experiencing a lot of risks, and can not be guaranteed in the future. You must be careful to invest as much as possible.

835K

Investment that needs to be sustained. Gradually removed and the risks, and the outlook is stable foreign investment institutions, because good results can be expected.

메타포를 살펴보고 변하는 것과 그렇지 않은 것을 구분하여 정보를 담으면 효과적이다.

메타포 사용내역 181

메타포 활용하기 - 치환
번개처럼 떠오르는 것을 먼저 낚아채야 한다. 1차 연상은 쉽다. 2차 연상은 위트가 넘친다.

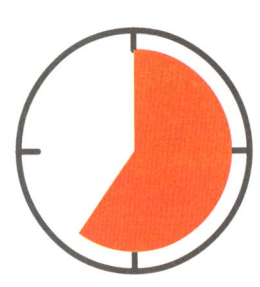

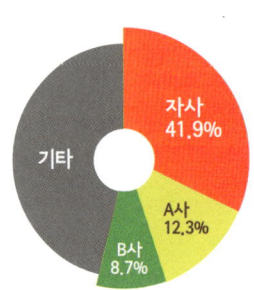

책과 책장은 우리를 생각하게 만들죠.
띵킹박스 www.thinkingbox.co.kr

블록이라는 책은 어떻게 만들어야 할까요?
당연히 블록 모양이죠.
크리에이티브 블록. 토트

도난 방지텍은 무엇처럼 생겼나요?

메타포 활용하기 - 치환
컬러와 새로운 단어로 바꾸면 의미는 강렬해진다.

대한민국
붉은 악마

브라질
삼바축구

아르헨티나
탱고축구

독일
전차군단

프랑스
아트사커

네덜란드
오렌지군단

스페인
무적함대

이탈리아
아주리군단

아주리(Azzurri)는 푸른색을 뜻한다.

메타포 활용하기 - 치환
무엇이든 똑같으면 지겹다. 멋지게 하는 것보다는 다르게 하는 것이 더 훌륭한 인포그래픽이다.

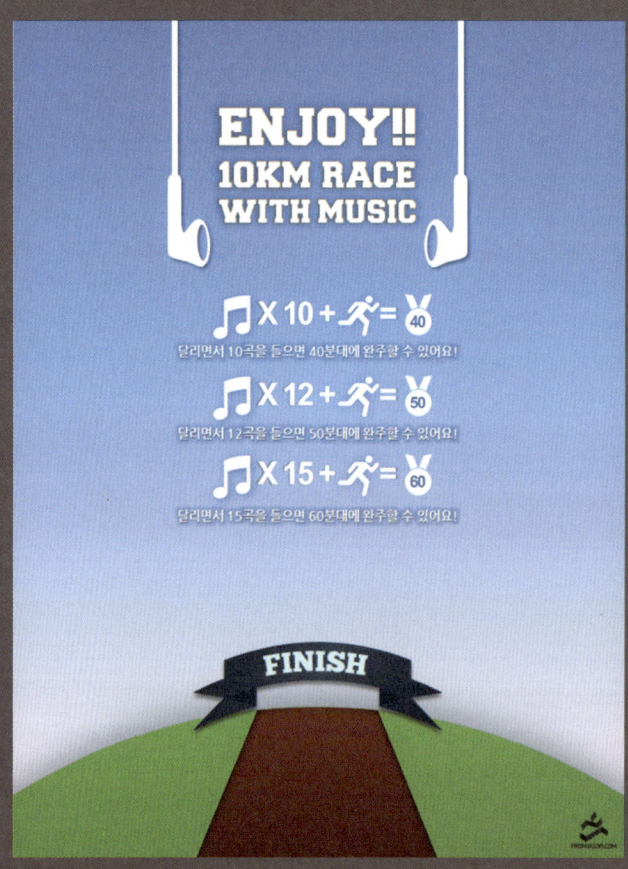

마라톤의 시간을 즐거운 음악듣기로 바꾸면 더 즐거워진다.

미국 뉴욕 나이키타운의 화장실 표시. 정말, 나이키답다.

달리는 제이슨의 자작극장, blog.naver.com/jason0304

메타포 활용하기 - 치환

어려운 것을 어렵게 설명하는 것은 쉽다. 하지만 어려운 것을 쉽게 말하는 것은 어렵다.
치환이 필요하다. 반복하면 창의적인 결과에 가까워진다.

상담 → 고객이 편히 쉬는 나무

문제해결 → 막힌 곳을 뚫어줘요.

월요일 → 언제나 통화중...

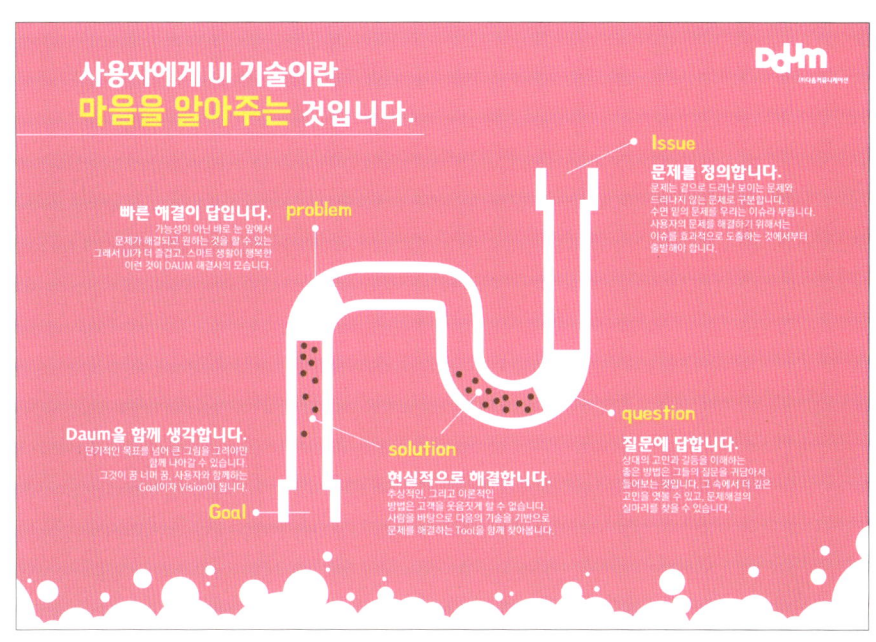

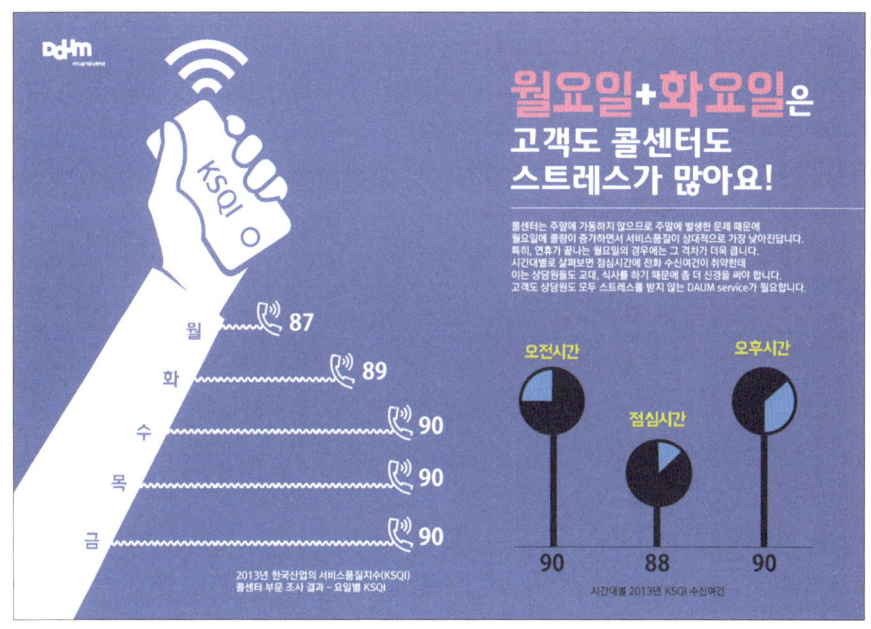

메타포 활용하기 - 치환
원이 좋을지, 육각형이 좋을지 그려보고 넣어봐야 한다. 짐작보다는 직접 대입해보고 판단하자.

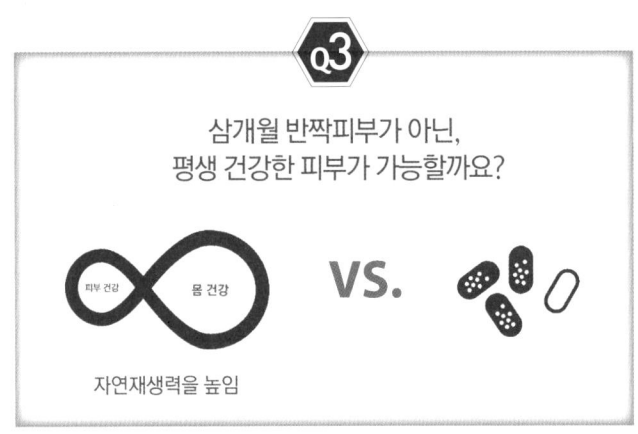

반짝효과를 위해
약물 투여 하지 않음

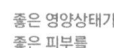

좋은 영양상태가
좋은 피부를

우리 몸의 균형잡힌 영양상태를 도와
외부의 공격으로부터 스스로 지켜내는
자연 치유력을 극대화

○ 전문가의 슈퍼 영양요법

더3.0피부과의원의 피부 치료 방법 인포그래픽, www.the30.kr

메타포 사용내역 191

가늠자 제시하기 - 순위
핵심으로 추린 7개 중에서도 가장 중요한 것이 있다. 더 훌륭한 것은 7개를 포함하는 더 큰 개념이다.

성공하는 사람들의 7가지 습관(The 7 Habits of Highly Effective People)

가늠자 제시하기 – 상태
정확하게 판단되지 못한다면 어느 정도인지 예상을 할 수 있도록 제시할 수는 있어야 한다.

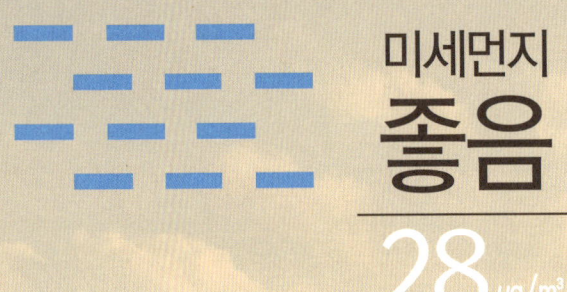

미세먼지
좋음
28 ㎍/㎥

황사와 미세먼지는 달라요.

*미세먼지와 황사 차이
*황사는 중국 및 몽골로부터의 흙먼지가 이동해 떨어지는 자연현상인 반면,
미세먼지는 자동차 공장 과정 등에서 사용하는 화석연료로 인해 발생한다.

| 좋음 0~30 | 보통 31~80 | 약간나쁨 81~120 |

미세먼지
나쁨
───
121 ㎍/㎥

맑게 보여도 나쁠 수 있어요.

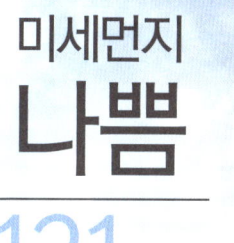

미세먼지 농도 ㎍/㎥

나쁨 121~200   매우나쁨 201~

가늠자 제시하기 - 크기
상대방을 설득하려면 가장 쉬운 잣대를 빠르게 제시해야 한다. 늘 보고 쓰는 것으로.

남편 : 우리 물고기 많이 잡았어! 봐봐
부인 : 애걔걔~ 뭐야. 작은 놈들이네.

남편 : 이래도?
부인 : 오호~ 동사리는 좀 크네!

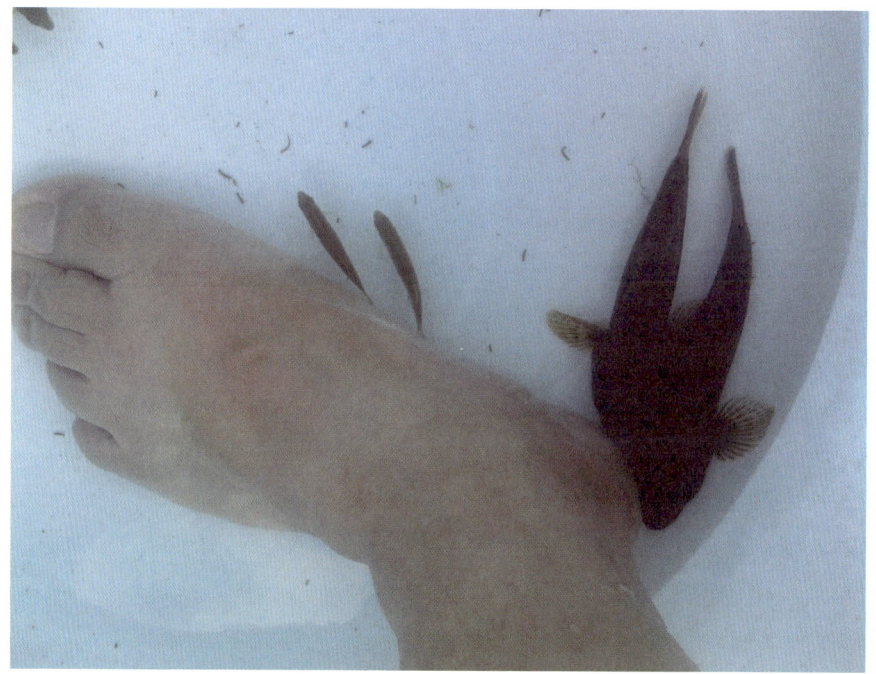

휴대폰이건 프레젠테이션이건 사람을 빠르게 설득하려면 크기를 비교해주는 것이다.
양평 용문산

가늠자 제시하기 - 크기
어떻게든 가늠할 수 있어야 이해가 가능하다면 사람들이 크기를 가늠할 수 있도록 하자.

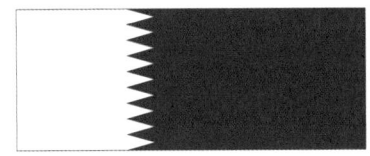

카타르(Qatar)의 면적은 11,586㎢ 입니다.

*source : en.wikipedia.org

그러니까 카타르(Qatar)는 경기도만한 크기입니다.

경기도는
10,172km²

"이번 산불은 여의도 면적의 5배를 태웠습니다."

여의도는
2.9km² ×5

국토교통부는 2012년 '여의도 면적의 몇 배'라고 표기할 때에는
윤중제 안쪽 면적인 '2.9㎢'로 통일해 쓰기로 하였다.

메타포 사용내역 199

가늠자 제시하기 - 위치
위치를 몰라 당황스러워 한다면 전체 중에서 얼마인지를 말해주어야 한다.

만약 지구에 6명이 존재한다면
그 중 한 명은 깨끗한 물을 마실 수 없습니다.

one billion people on the planet don't have access to safe, clean drinking water.
that's one in six of us.

www.charitywater.org

가장 중요한 7할을 무엇으로 채우겠습니까?

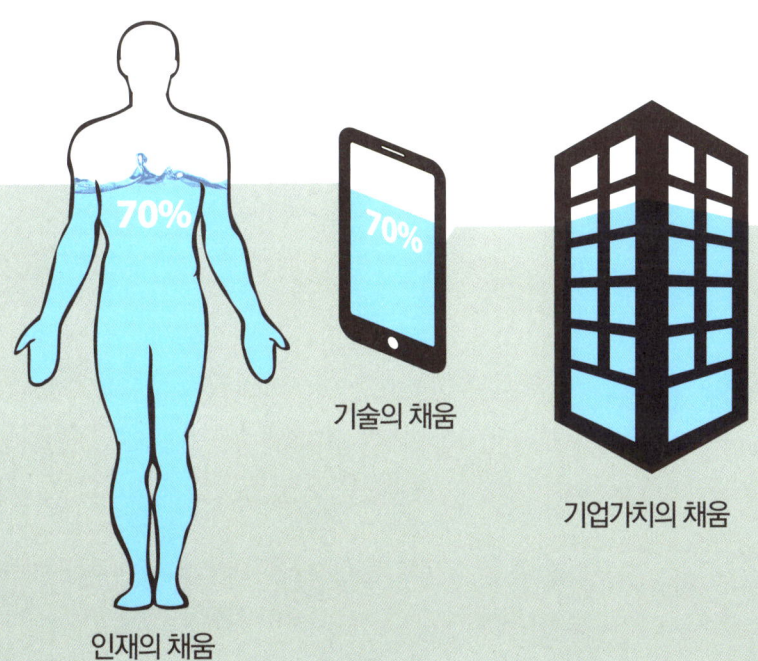

인재의 채움

기술의 채움

기업가치의 채움

가늠자 제시하기 - 기준
생명의 위험수위도 형벌의 크기도 모두 의사와 판사의 기준에 달려있다. 메타포도 그렇다.

공고일 7일 ~ 마감일 21일

이번 달 절반이 남았습니다.
15일이 남았습니다.
2주 정도 후에 마감입니다.
근무시간 기준, 88시간 이후입니다.

아직은 여유가 있습니다.

주어진 시간은 15일이지만,
실제로는 11일 밖에 없습니다.
시간이 없습니다.

기준을 다르게 해서 프레임을 만들어버리면 같은 상황도 전혀 다르게 보인다.

메타포 매뉴얼

세상의 모든 것이 메타포라는 점을 기억하자.
그것이 가지는 본래의 속성을 파악하자.
그리고 그 위에 그리고 싶은 생각을 더하면 수준 높은 상징이 만들어진다.

메타포를 위한 우리의 자세
잘하고 싶다고 준비 운동을 하지 않으면 엉성한 결과만 만들어진다. 해야 할 것은 언제나 제대로.

우리는 세상에 넘쳐나는
수 많은 데이터들을
우리의 것으로 만들어야 해요.

가정 먼저 할 일은
수 많은 데이터에서 정보를
찾을 수 있는 눈을 길러야 하죠.

그래서 그 정보들을
어떻게 우리의 이로움과
연결할 수 있을지를
연구해야 해요.

*source : thenounproject.com

너무 걱정할 필요는 없어요.
주어진 삶의 경험과 지식의 퍼즐을
즐겁게 맞추면 되니까요.

그대신 가식 없이, 자랑 없이
꼭 필요한 정보와 메시지만을
사람 중심으로 생각해야 하지요.

스마트 시대의 설득은
비주얼 씽킹과 인포그래픽이
필요해요. 그 중에서
메타포는 좋은 친구가 될겁니다.

메타포를 위한 아이디어 발상
무엇과 닮았는지, 속성과 구조는 무엇으로 설명되는지, 가장 쉬운 비유는 무엇인지 찾아 나서자.

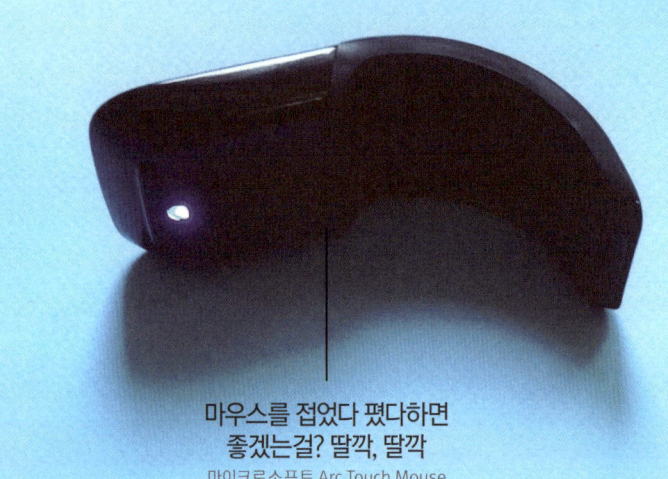

마우스를 접었다 폈다하면
좋겠는걸? 딸깍, 딸깍
마이크로소프트 Arc Touch Mouse

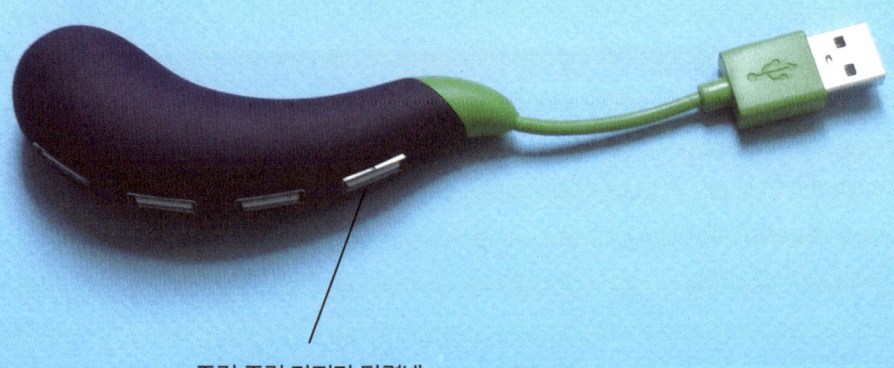

주렁 주렁 가지가 달렸네
그럼 허브도 주렁주렁
달리면 재미있겠는걸.
COSY UH1181 가지 USB 4포트 허브

메타포를 위한 아이디어 발상
1차는 넘어서야 된다. 2차, 3차의 메타포에 도전해야 사람들을 웃고, 울게 할 수 있다.

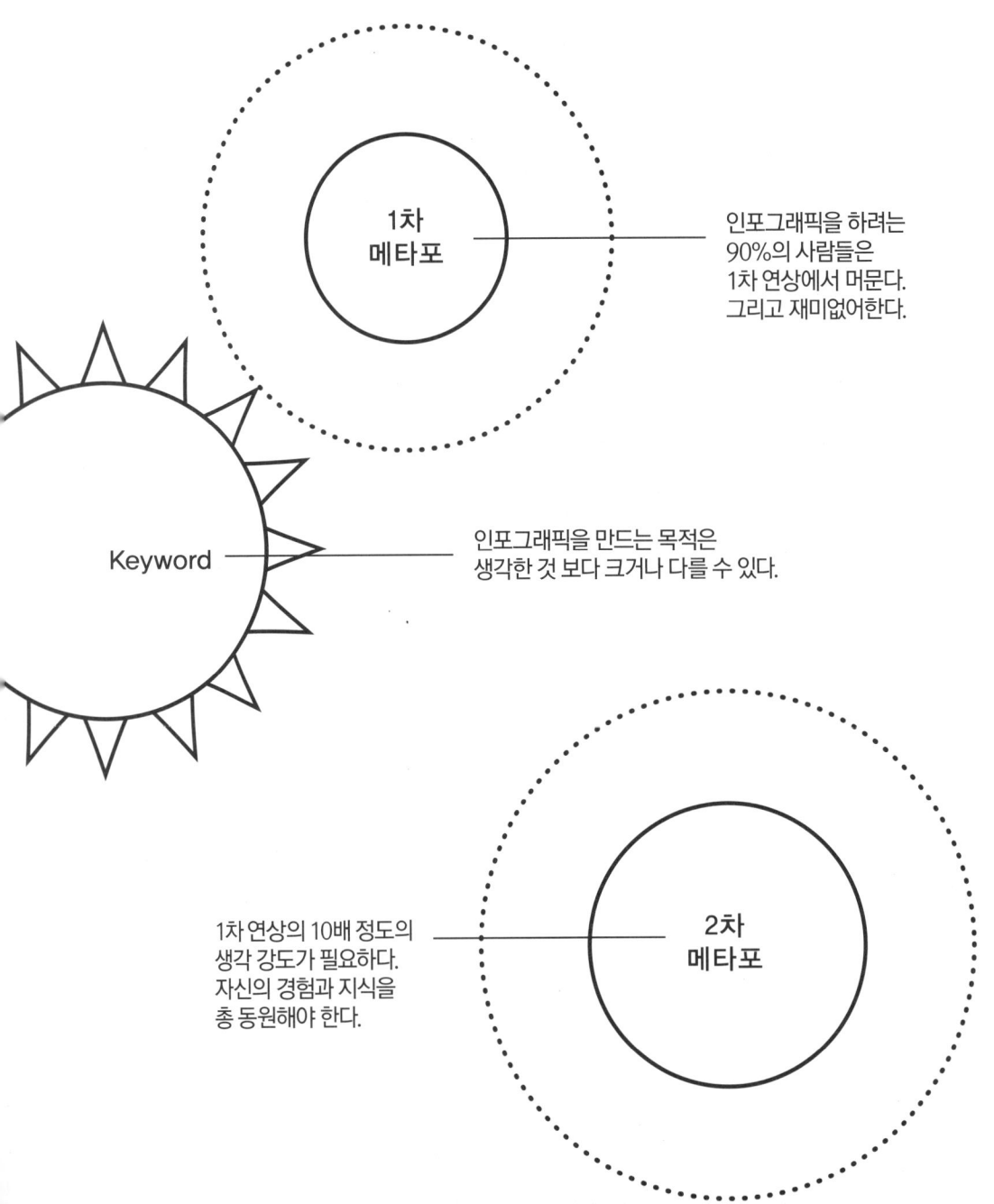

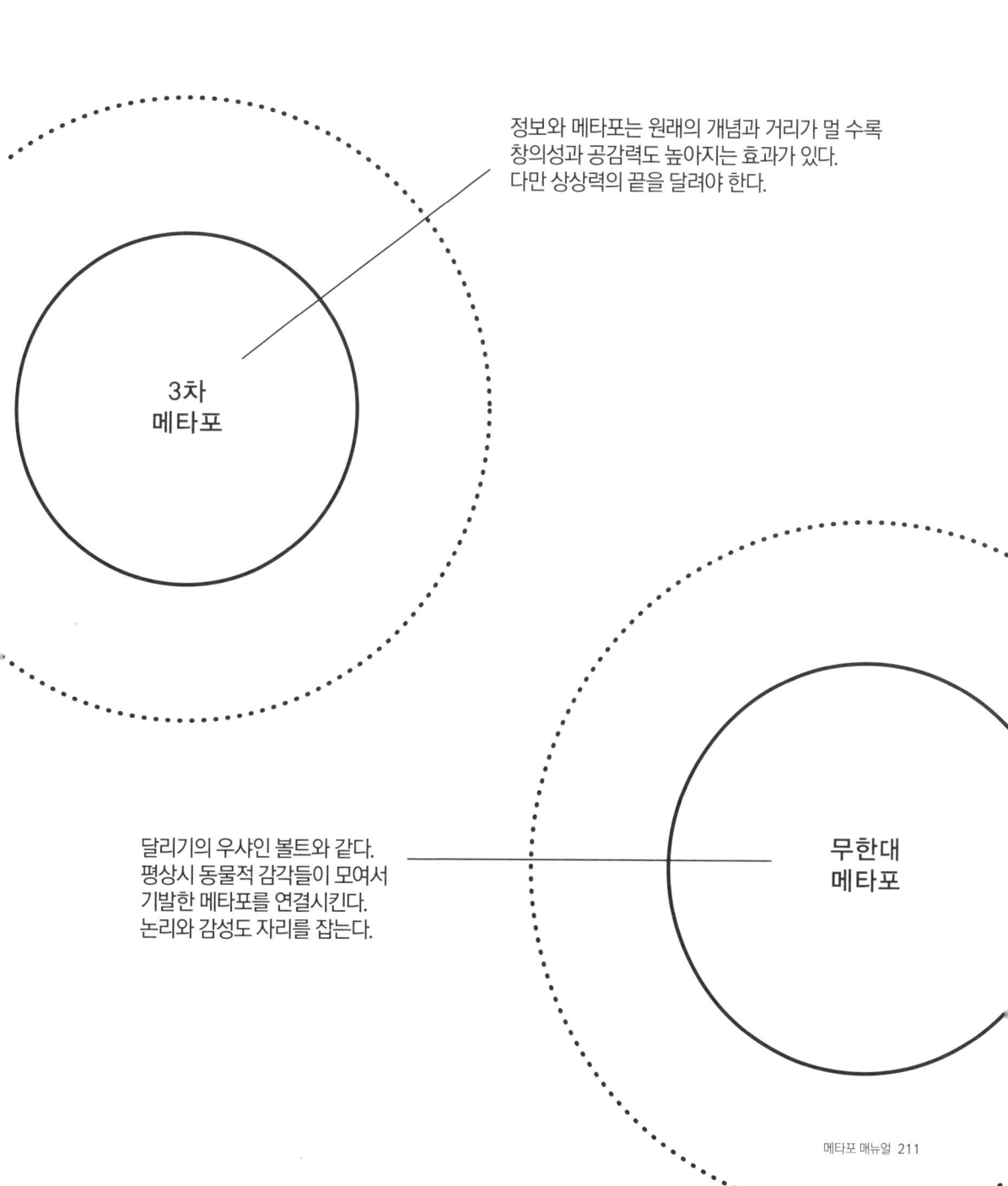

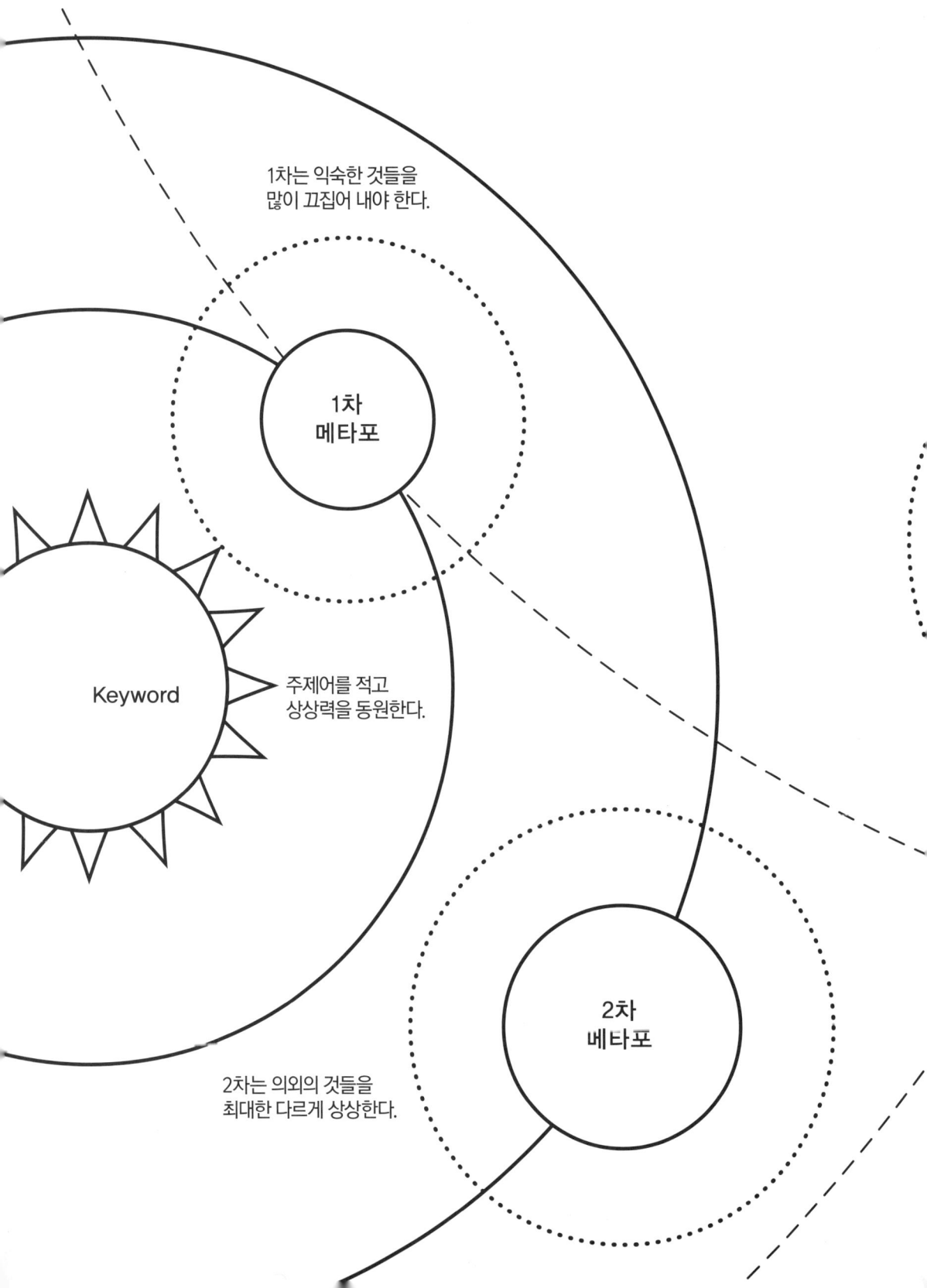

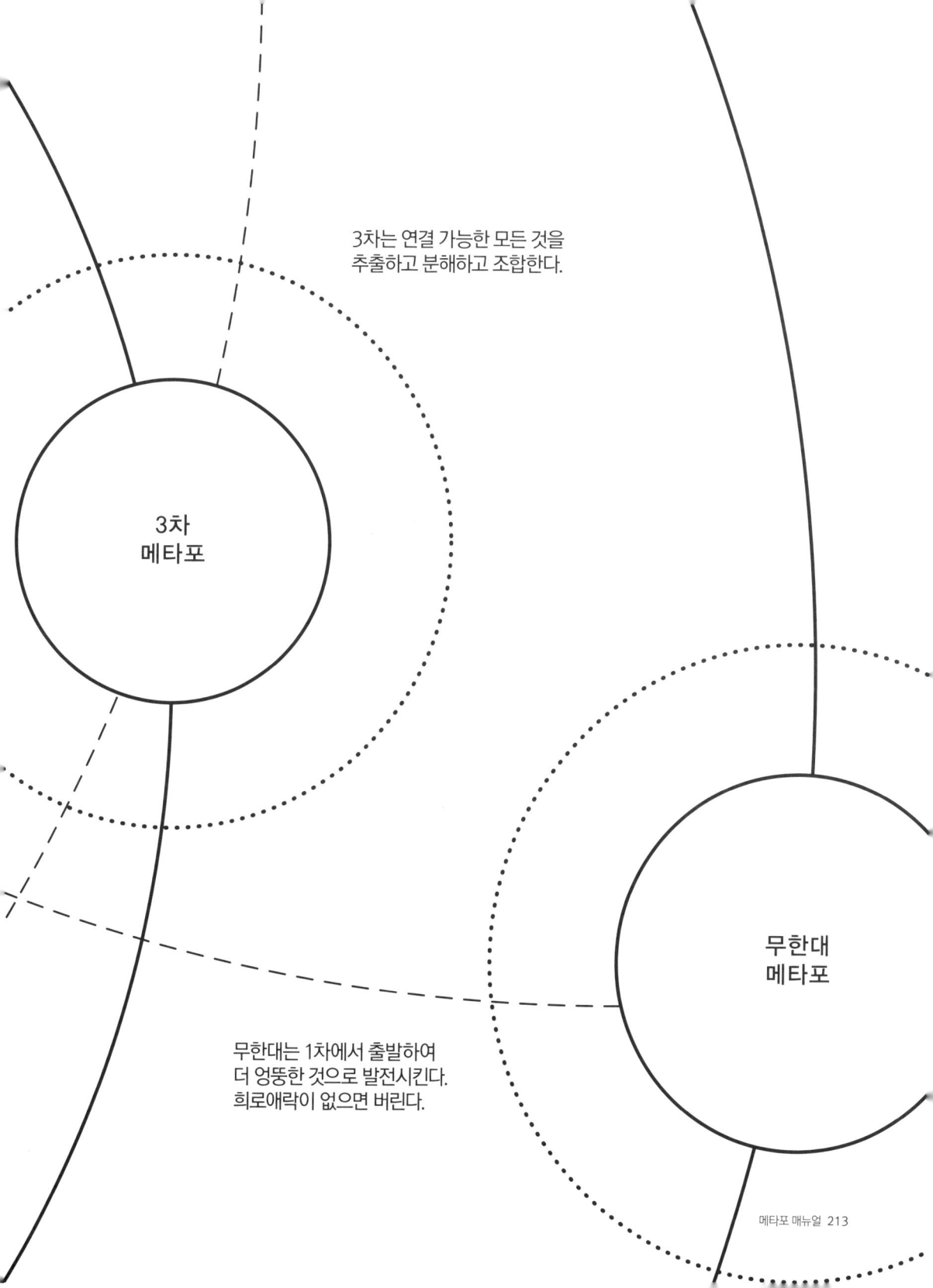

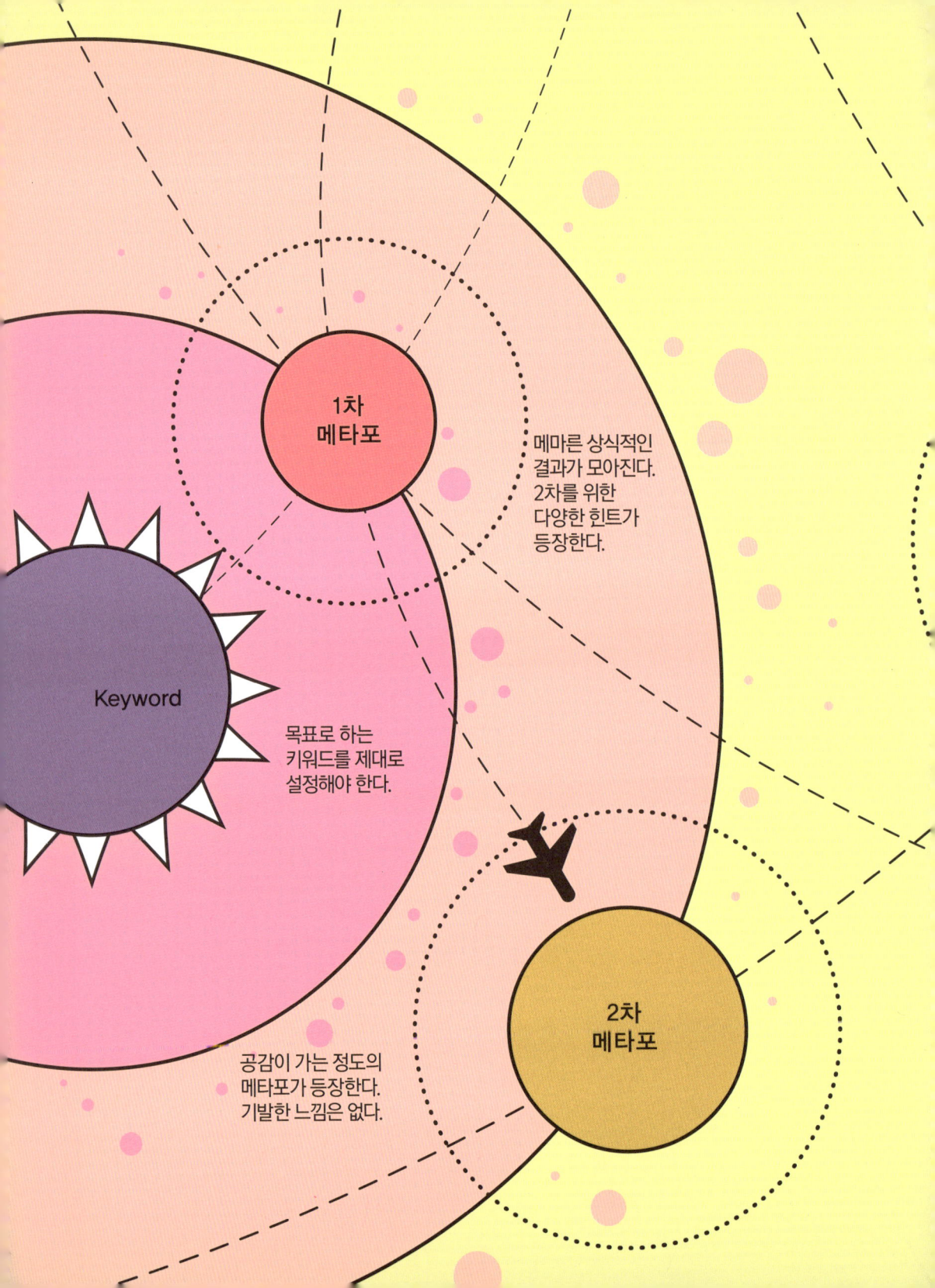

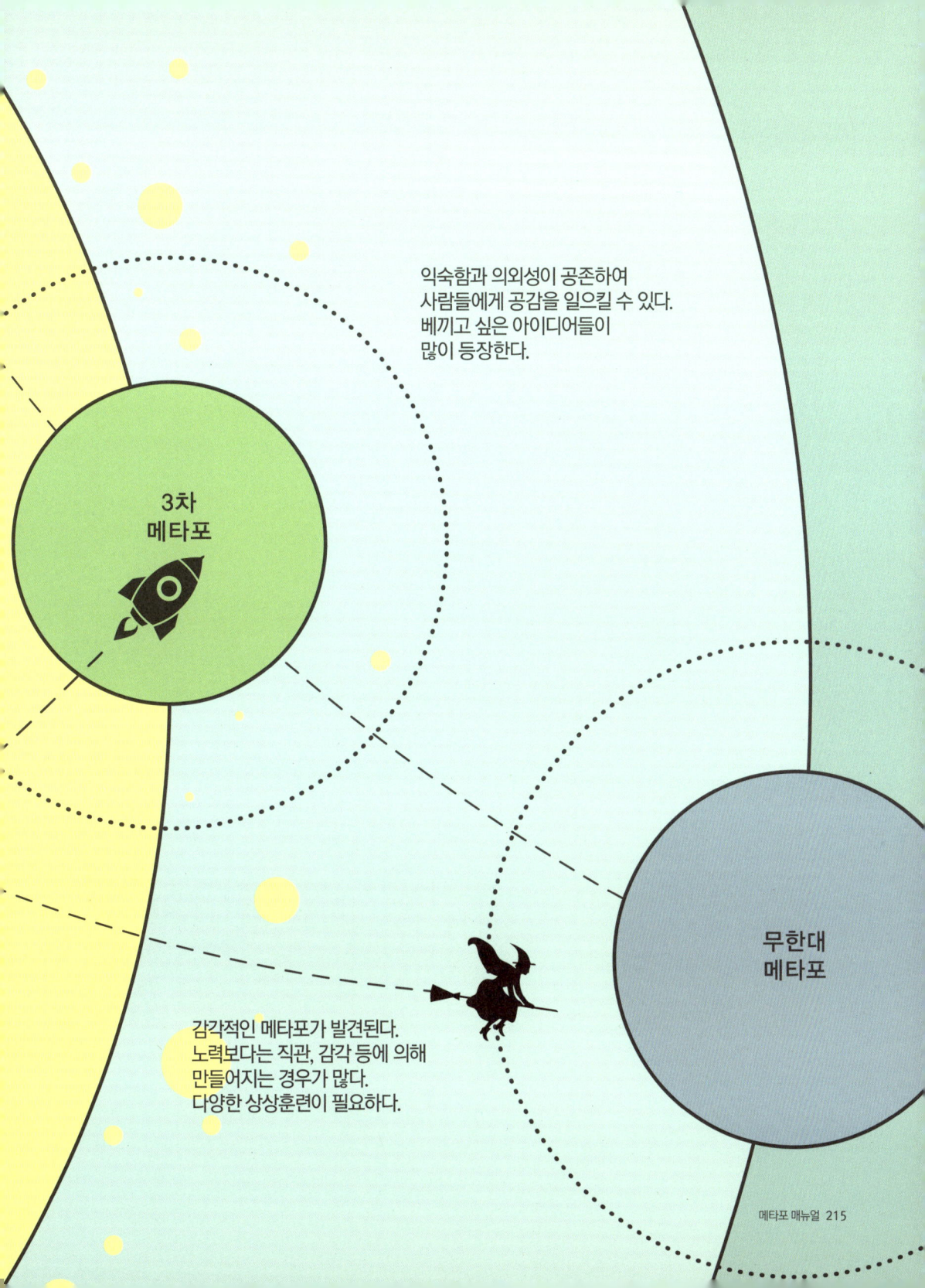

메타포를 위한 비주얼 씽킹 5-Box

상대방을 설득하려면 가장 쉬운 잣대를 빠르게 제시해야 한다. 우리 주변에 있는 것이라면 더욱 좋다.
자신의 생각을 5개의 박스에 차례대로 모두 담으면 된다. 단 3개 이상은 채워야 한다.
가장 쉬운 항목부터 채워 인포그래픽을 위한 비주얼 씽킹을 완성해보자.

Q	K	S	M	P
Question	Keyword	Sentence	Metaphor	Pattern

Copyright ⓒ 우석진, 김미리

Q	K	S	M	P
주제를	단어로	문장으로	상징으로	유형으로

Copyright ⓒ 우석진, 김미리

Q	K	S	M	P
아침식사	건강 지킴이	나의 건강은 아침이 지킨다	천사와 악마	내 마음속 게으름쟁이 악마 VS 건강도우미 천사의 대결

5-box를 작성할 때 조심할 것은
형식적인 단어, 최상위 표현 등을 담으면 전혀 도움이 되지 않는다.

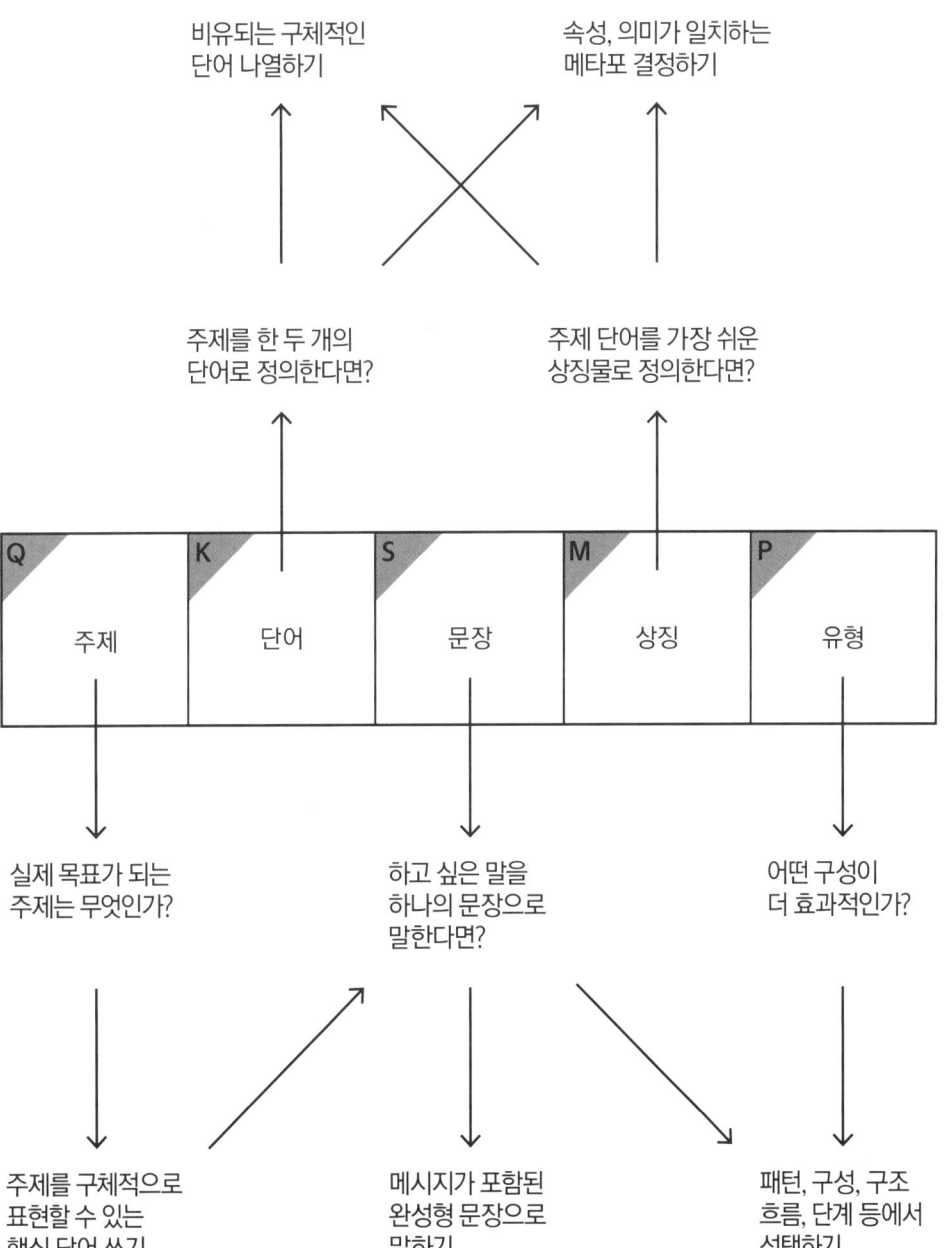

메타포를 위한 비주얼 씽킹 5-Box

채워진 5개의 박스 중에서 인포그래픽으로 연결할 스토리를 찾고, 빠르게 표현하는 훈련이 필요하다.

Q	K	S	M	P
아침식사	건강 지킴이	나의 건강은 아침이 지킨다	천사와 악마	내 마음속 게으름쟁이 악마 VS 건강도우미 천사의 대결

건강도우미 천사 말하기를

아침식사는 꼭 챙겨 드세요!

내 마음속 게으름쟁이 악마

좀 더 자야지! 아침식사는 무슨~

오픈클립아트에서
'angel' 검색 후 *.svg 다운로드

오픈클립아트에서
'dish' 검색 후 *.svg 다운로드
*.emf로 변환 후 파워포인트에서 작업

*내용 참조 : 분당서울대병원, 뉴시스 newsis.com
*source : aalleejjoo/jammi evil/openclipart.org

메타포를 위한 비주얼 씽킹 5-Box

5개의 박스를 모두 채울 필요는 없다. 3개 이상을 채우면 메타포 아이디어의 윤곽이 생겨난다.

Q	K	S	M	P
50대 폐업	반토막	자영업 폐업자 2명 중 한 명은 50대입니다.	사과 반토막 물컵 ½ 두 동강난 물건	급증/급락 개업/폐업 채움/비움 전체/일부

50%에 육박합니다.
반토막이 나버렸네요.
한 집 건너 한 집이 문 닫아요.

가득 차 있던 것이
절반 밖에 남지 않았습니다.
½만 살아남아 있습니다.

다양한 이미지를 보면서 직접 문장을 대입시키는 방법도
좋은 메타포를 찾는데 도움이 된다.

베이비부머 세대
(1955~1964년생)
창업 급증

47.6%
부도를 낸 자영업자 중
50대가 2명 중 1명

2014. 2. 강원도민일보

베이비부머 세대
(1955~1964년생)
창업 급증

2013
부도를 낸
자영업자 중
50대가
2명 중 1명

47.6%

2014. 2. 강원도민일보

동일한 내용일지라도 메타포의 선정에 따라 전달되는 메시지가 달라진다.
*source : thenounproject.com

메타포를 위한 비주얼 씽킹 5-Box

진짜 하고 싶은 말을 박스에 적어야 한다. 그리고 최소한의 표현을 찾아나서면 된다.

Q	K	S	M	P
자영업 폐업 사태	심각한 82%	살아남기 어렵습니다. 대부분이 폐업합니다.	엎어진 컵 엎질러진 물 깨진 접시	명암 상상과 현실 전체 중 부분 강약

퇴직금을 모두 치킨집에 투자했는데…
잘 된다고 해서 마지막 희망을 걸었는데…
자영업이 만만치 않았습니다.
'나는 그러지 않겠지…' 라는 생각을 했지요.
힘드네요. 절망적입니다.

성공하고 싶었습니다.
그래도 다행입니다.
겨우 살아남았습니다.
이것도 언제까지 지속될지 모르겠습니다.

메타포가 가지는 상반된 결과, 명암, 반전 효과 등을 활용하면
어렵지 않게 정보를 담아낼 수 있다.
*source : thenounproject.com

울산지역 자영업자 폐업율
82%

컬러는 메시지의 성향에 따라 결정한다.
우울한 내용을 밝게 전달하면 동질감을 느끼기 어렵다.

메타포를 위한 비주얼 씽킹 5-Box

인포그래픽을 구현하기 위한 비주얼 씽킹은 상상의 나래를 펼쳐야 한다.
내가 만드는 보고서를 멀리서 보면 어떤 모양을 닮았는지, 어떤 상황으로 인식되는지를 상상해보자.

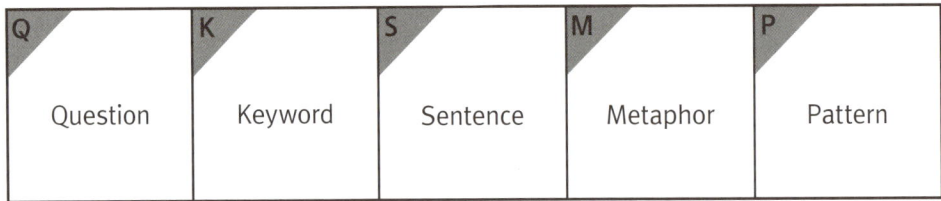

Q	K	S	M	P
최고의 지원팀 만들기	영차 영차	함께 노를 저어 모두가 만족하는 팀을 만들어요.	함께 달리기 자전거 넷이서 조정경기 레프팅 거북선	노력→성과→만족 여럿이서 힘을 합쳐 목표에 도달

5-box에서 키워드와 문장을 너무 일반적으로 만들면 답이 없다.
의외성이 높게 만들면 메타포는 쉽게 도출이 된다.

Canoe : 혼자를 여러 명으로 만들면?

Rafting : 더 많은 인원(파트)을 만들려면 어떻게 하지?

Kayak : 좋은데 배의 모양을 어떻게 바꿀 수 있을까?

메타포를 사용하기 위한 심벌을 선택할 때는
가장 좋은 것보다 활용 가능한 것을 찾아야 한다.
*source : thenounproject.com

메타포를 위한 비주얼 씽킹 5-Box
메타포를 찾을 때에는 편집 가능성을 고려하여 최소 단위를 찾아 응용하면 효과적이다.
전체 중의 일부, 조각, 패턴, 모듈을 찾을 수 있다면 인포그래픽 작업은 빨라지고 완성도는 높아진다.

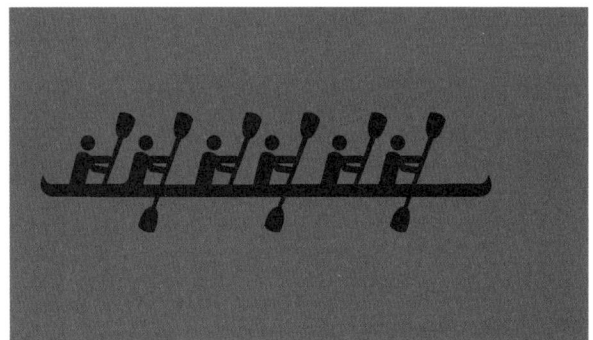

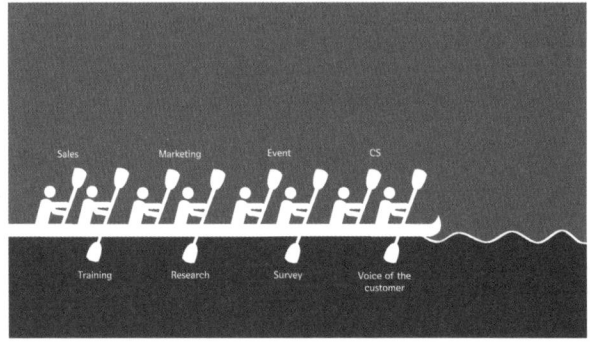

상황을 키워드로 던지면 여러 개의 문장과 메타포를 붙여서 이야기를 이끌어 낼 수 있게 된다.

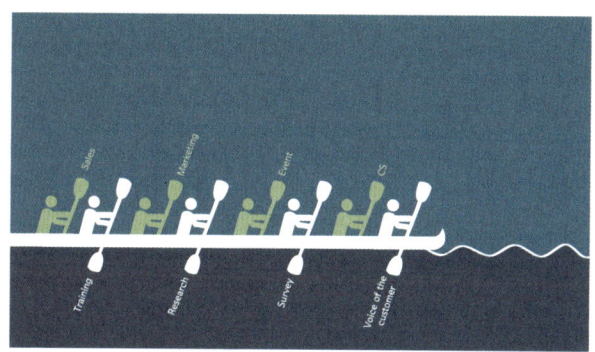
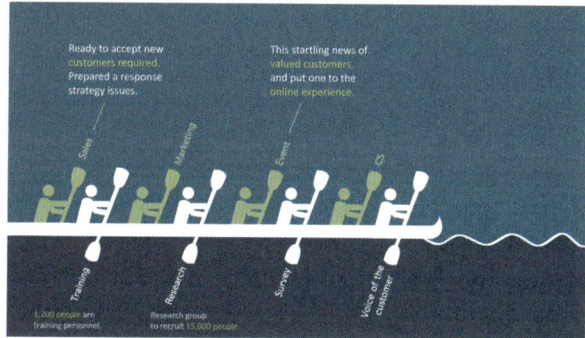

완성된 모양만을 찾으려 하지 말고,
작은 것에서 출발해서 전체를 완성해나간다고 생각해야 한다.

메타포를 위한 비주얼 씽킹 5-Box

키워드와 문장, 그리고 메타포를 연결하다보면 풍성한 스토리가 만들어지곤 한다.
핵심 키워드를 큰 의미의 상황으로 던지고, 문장과 메타포로 살을 붙이는 방식도 효과적이다.

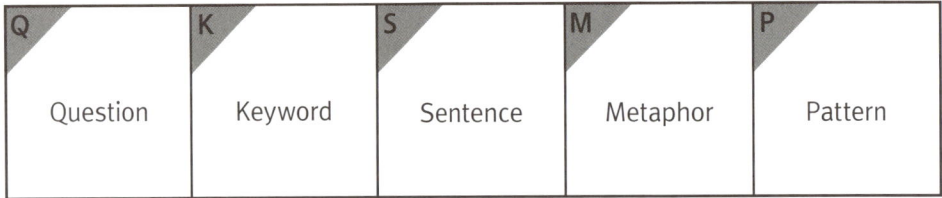

상황을 키워드로 던지면 여러 개의 문장과 메타포를 붙여서
이야기를 이끌어 낼 수 있게 된다.

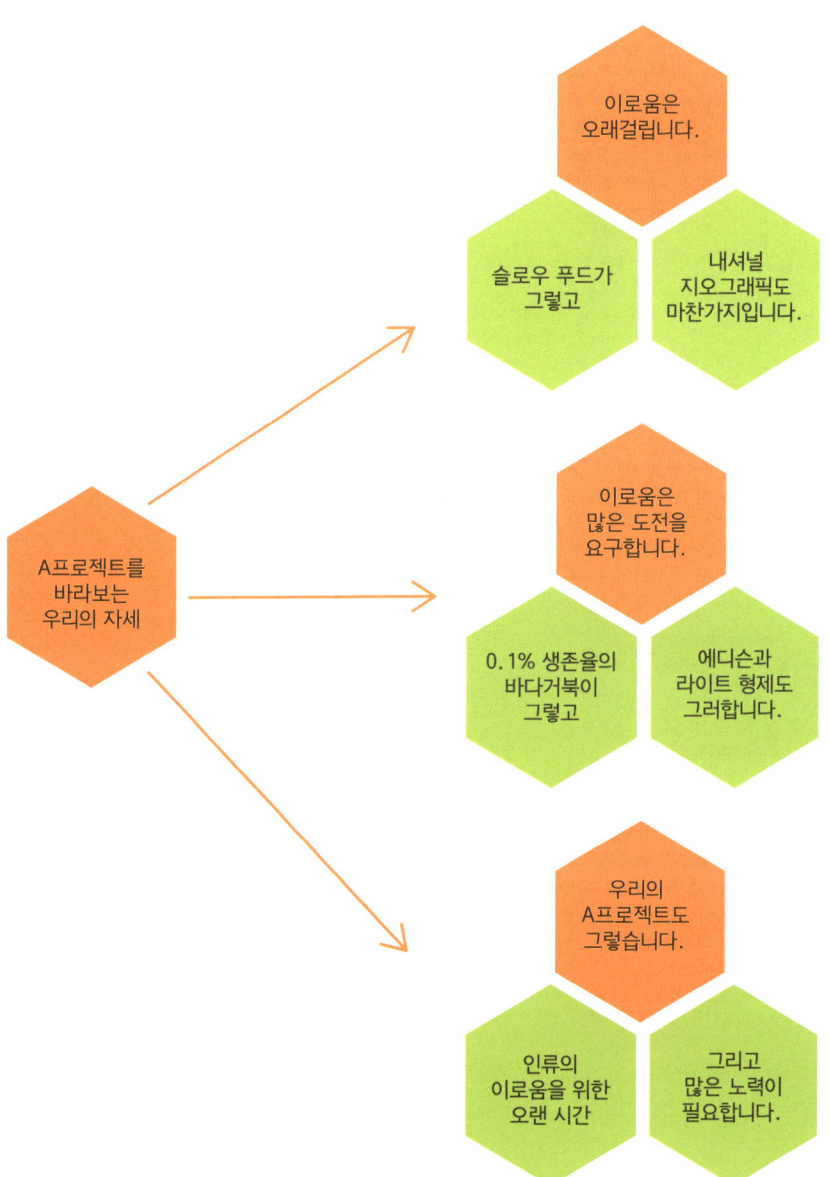

인포그래픽을 위해 비주얼 씽킹을 한다는 것은
전체 흐름을 머릿속에서 그려내는 일이다.

메타포를 위한 비주얼 씽킹 5-Box

이야기가 완성되었다면 한 장의 이미지로 인포그래픽을 만드는 경우는 세로로 붙이면 된다.
프레젠테이션의 경우라면 가로 형태로 이어지도록 슬라이드를 연결하여 구성하면 효과적이다.

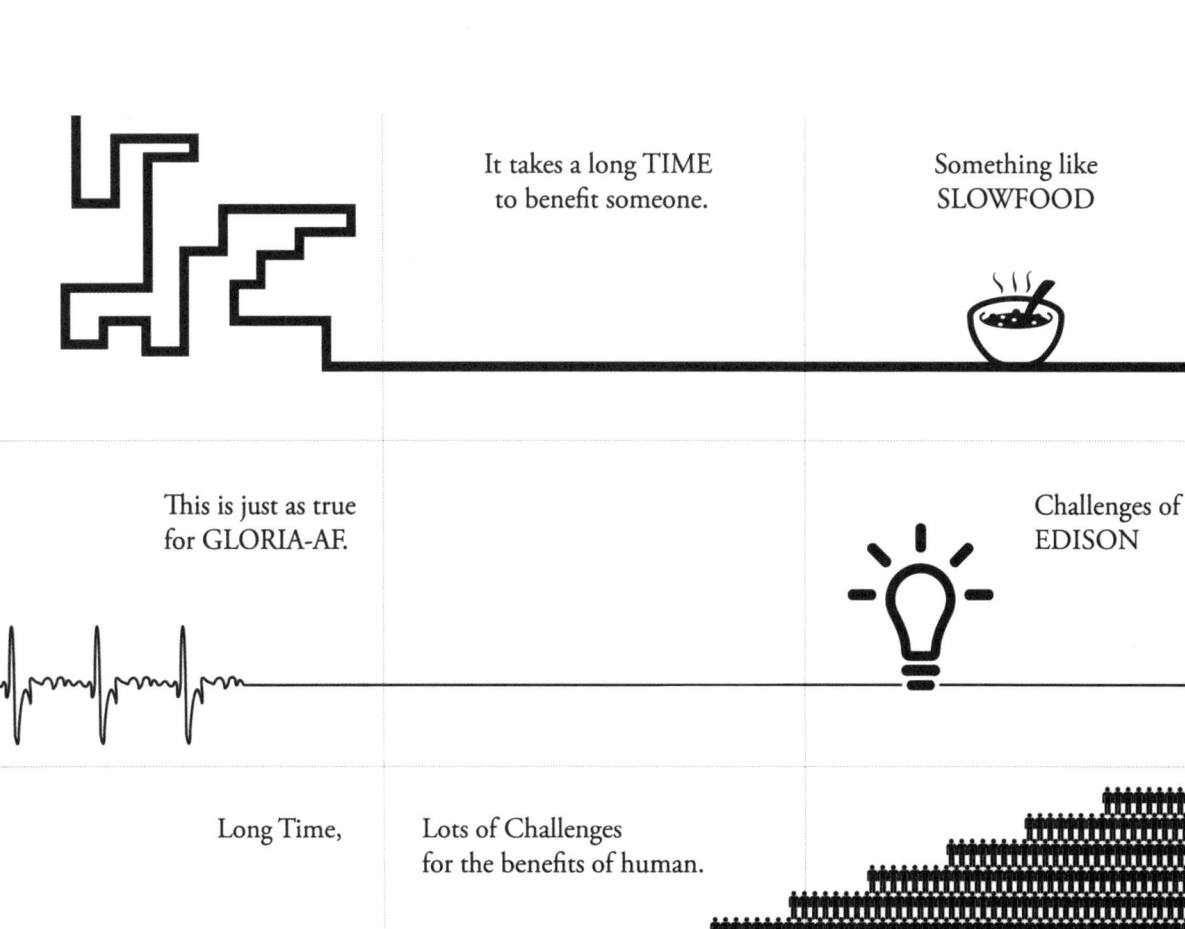

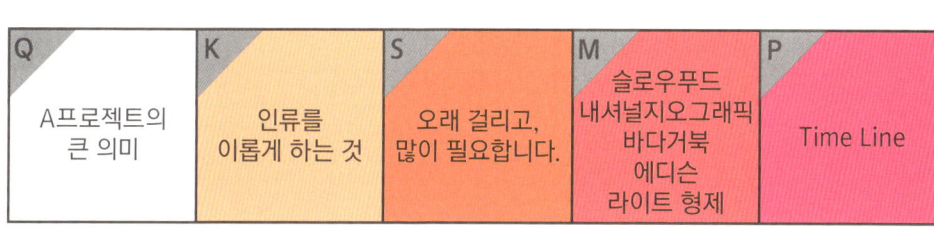

Q	K	S	M	P
A프로젝트의 큰 의미	인류를 이롭게 하는 것	오래 걸리고, 많이 필요합니다.	슬로우푸드 내셔널지오그래픽 바다거북 에디슨 라이트 형제	Time Line

Same as

It needs lots of CHALLENGES to benefit someone.

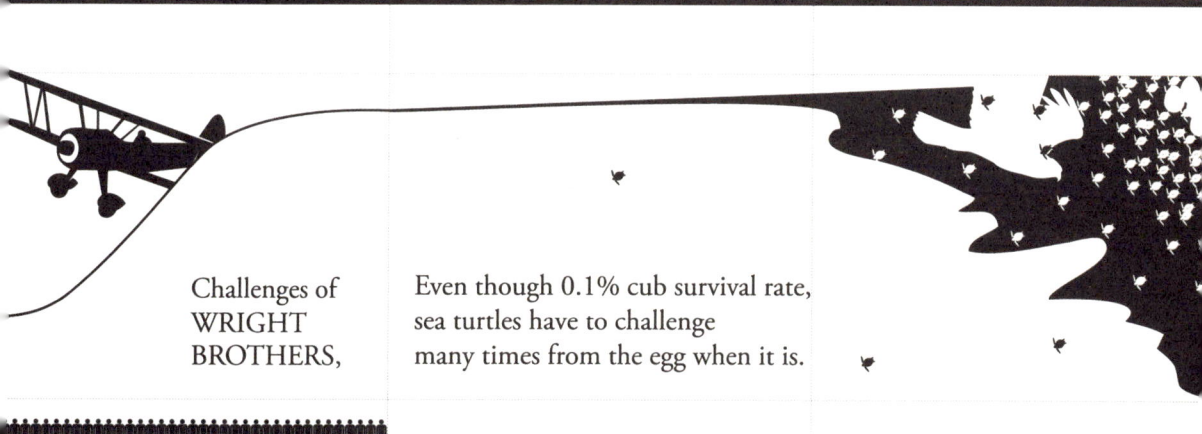

Challenges of WRIGHT BROTHERS,

Even though 0.1% cub survival rate, sea turtles have to challenge many times from the egg when it is.

Those make A-Project more VALUABLE, more HONORABLE.

A-Project

메타포를 위한 Step 123

하나의 상징으로 표현이 가능한가. 둘의 관계나 비교로 설명할 수 있는가. 3개의 과정이 가능한가. 주제를 하나의 메타포, 두 개의 메타포, 3개의 메타포로 규정지어보면 답이 보인다.

1

나무, 집, 사람, 사다리, 시계, 스마트폰, 빅데이터, PC

자연물, 사물, 물건, 도로, 지명, 이름, 브랜드, 색깔

타는 것, 먹는 것, 보는 것, 하는 것, 사는 곳, 유일한

자세, 행동, 모습, 순간, 이유, 상황, 사건, 사고

사과, 고무줄, 빨강, 파랑, 행복, 자존감, 의자, 개구리

중앙선, 교차로, 한 줄기 빛, 한 권의 책, 불씨

2

삶과 죽음, 시작과 끝, 청군 백군, 흑과 백, 남과 여, 전쟁

아침 저녁, 엄마 아빠, 수저 젓가락, 먹고 자고, 나란히, 평행

알이 먼저냐 닭이 먼저냐, 사느냐 죽느냐, 강약, 고저, 상하, 좌우

타는 것, 먹는 것, 보는 것, 하는 것, 사는 곳, 문제-해결

자세, 행동, 모습, 순간, 처음과 끝, 시작점-결승점, 해와 달

PC vs. 스마트폰, 빅데이터 vs 스마트, 책과 e-book

인포그래픽에서 메타포를 사용할 때는 무조건 숫자 3개에 대입시켜 보자. 빠르게 답을 찾아갈 수 있다.

아침 점심 저녁, 아이-청소년-성인, 대-중-소

뿌리-기둥-가지, A-B-C, 1-2-3, 상-중-하

점-선-면, 1단계-2단계-3단계, 고대 - 중세 - 현대

출발-운행-정지, 알-병아리-닭, 앞바퀴-페달-뒷바퀴

ㄱㄴㄷ, 렌즈 테 안경, 바지 벨트 슈트, 검정 흰색, 회색

호기심-검색-구입, 시작-중간-완료, 삼각관계

남녀노소, 봄 여름 가을 겨울, 1~12개월, 1-2-3-4분기

머리 어깨 무릎 발, 점-선-면-입체, 순서도, 전개도

기차놀이, 줄줄이 비엔나, 토양-뿌리-줄기- 가지-잎-꽃-열매

4대 천왕, 4 분면, 별 5개 평점, 7성급 호텔, 11명 출전 선수

마라톤, 줄다리기, 무지개, 진화론, 10대-20대-30대-40대

되도록 자신이 좋아하고, 잘하고, 경험 있는 방향의
메타포를 선정해야 설득이 쉬워진다.

메타포를 위한 Step 123

하나의 상징에는 의미 부여를, 두 개는 비교의 결과를, 세 개는 단계와 과정을, 그 이상의 무한대는 선이 되어 단계와 흐름, 과정을 모두 담아낸다.

1 우리의 현재 시점은 알을 깨야 할 단계입니다.

2 시장의 라이프사이클로 봐서는 경쟁사는 초기 성장과 성숙단계 사이에 위치하고 있습니다.

3 우리 아이들의 학습은 3단계 성장시스템입니다. 단계별 수준과 평가가 다릅니다.

메타포는 1, 2, 3이라는 숫자를 붙여보면 쉽게 적용할 수 있다.
상징, 비교, 흐름 등 개수와 단계로 표현 가능하다.
*source : www.flaticon.com

LINE

정보 디자이너 양성과정의
전체 로드맵은 다음과 같습니다.
Step별로 9주차 내용을 확인하세요.

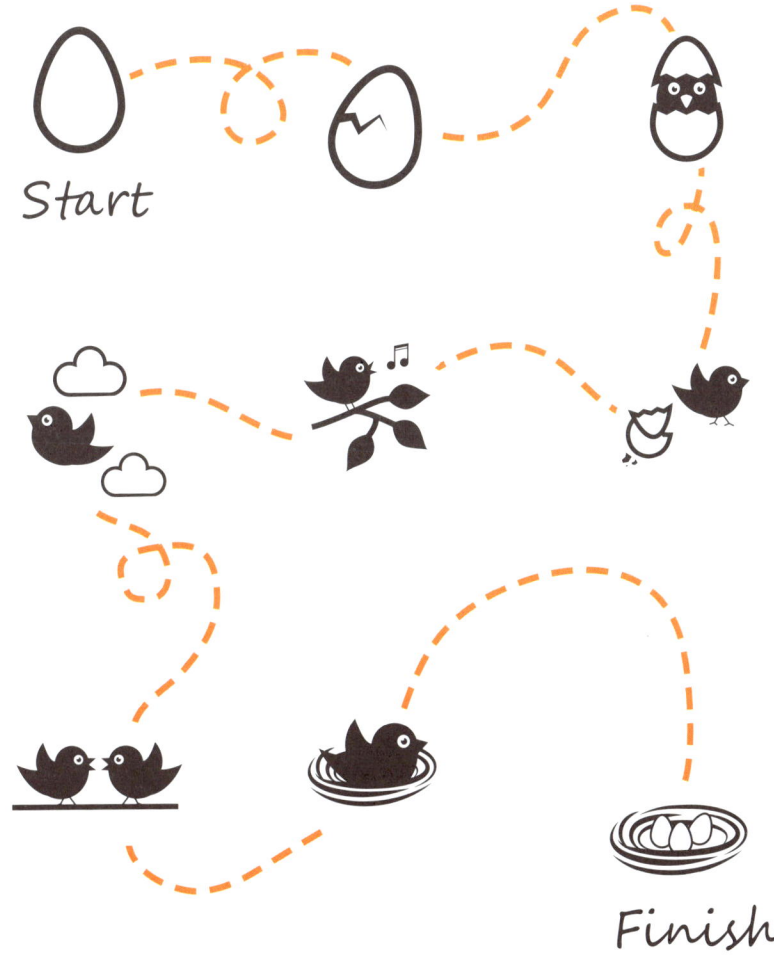

Start

Finish

개수를 늘려 연결하면 라인이 만들어지고,
로드맵이나 프로세스를 쉽게 설명할 수 있다.

메타포 매뉴얼 235

메타포를 위한 Step 123

숫자 1은 상징과 의미 전달에 있어 가장 강력하다. 그래서 메타포를 선정할 때 속성과 의미가 중요하다.

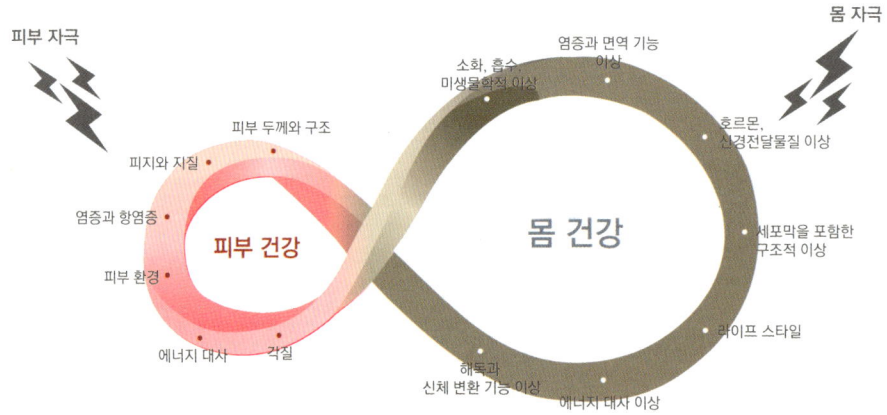

한 개의 메타포를 사용할 때는 대상의 속성과 구조를 충분히 파악해서
정보와 메시지를 대입해야 한다. www.the30.kr

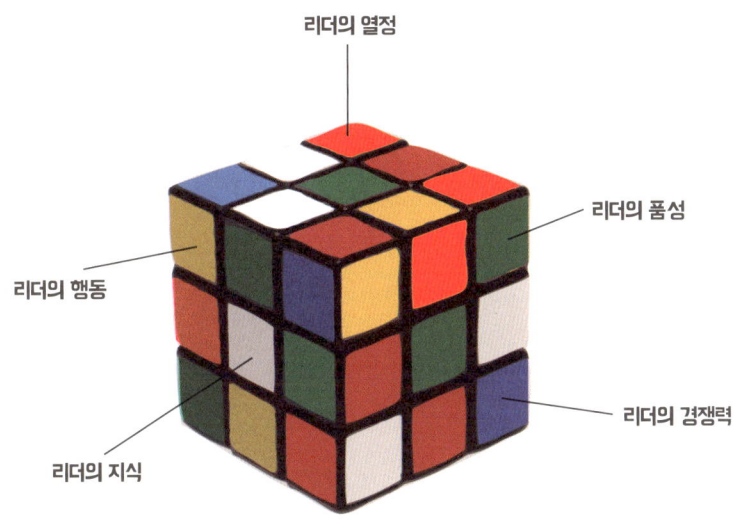

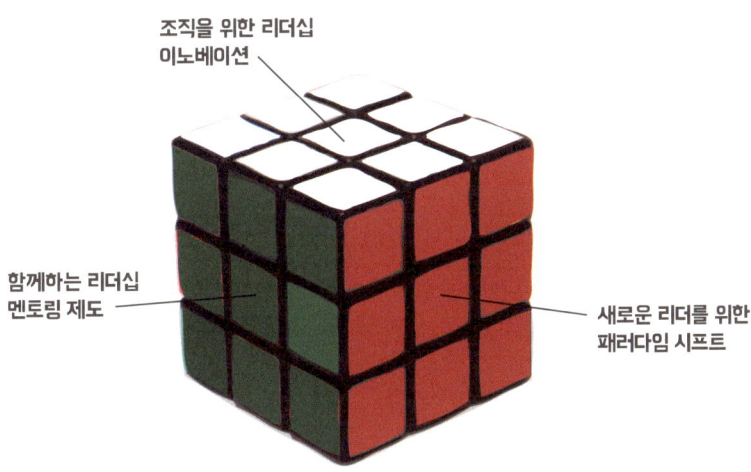

대상이 되는 메타포가 가지는 본래 의미와 전달하려는 메시지가 얼만큼 매끄럽게 이어지는지가 관건이다.

메타포를 위한 Step 123

숫자 2는 비교하기에 최상의 조건이다. 두 개의 메타포를 사용하면 흥미진진한 이야기를 펼칠 수 있다.

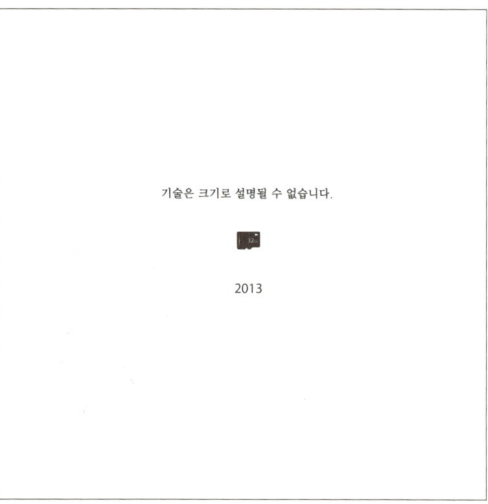

숫자 2와 두 개의 메타포는 설명하려는 자에게는 쉽게 사용할 수 있는 방법이다.
무엇이든지 저울 위에 올려놓으면 원하는 결과가 빨리 나온다.

스마트한 세상은
PC시대의 종말을 예고한다.

Shopping Movement

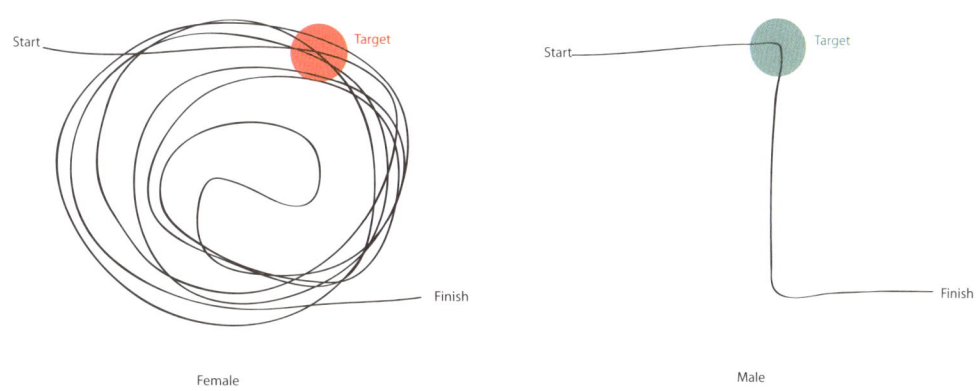

두 개의 메타포를 비교, 평가, 대결을 하게 된다.
승자가 누군지, 누가 더 능력이 좋은지, 왜 다른지를 말해준다.
『인포그래픽 비주얼 씽킹 IDEA BOOK』 우석진, 샌들코어

메타포를 위한 Step 123
3이라는 숫자는 가장 안정적이며, 구조가 단단해서 설명하기 쉽고, 기억이 오래간다.

3 about medicine transmission
big problems

3 about medicine transmission
big problems
solutions

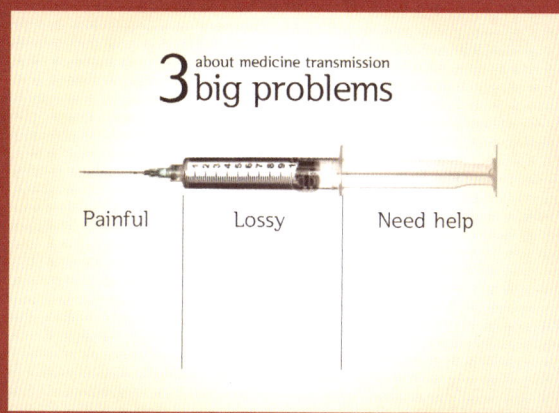
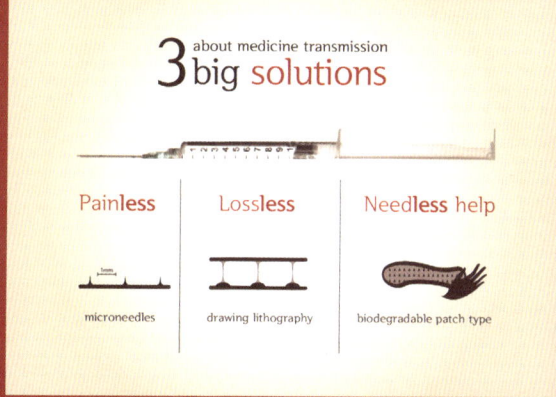
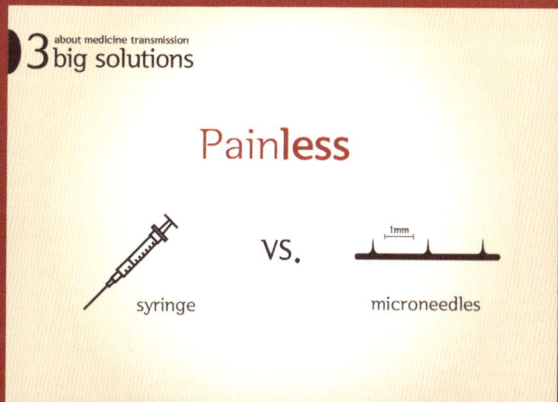

라파스 회사 소개 프레젠테이션, 김미리

메타포를 위한 Step 123
3을 초과하는 숫자와 메타포는 단계와 흐름을 명확하게 보여주거나 가능성을 말해 줄 때 효과적이다.

Development Steps. 물은 희망이다. 작은 물방울이 큰 기적을 만드는 가능성을 단계로 보여준다.

Living Water International(LWI), http://www.water.cc

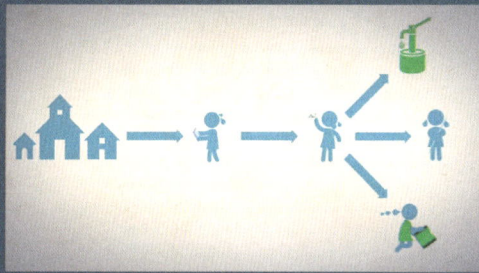
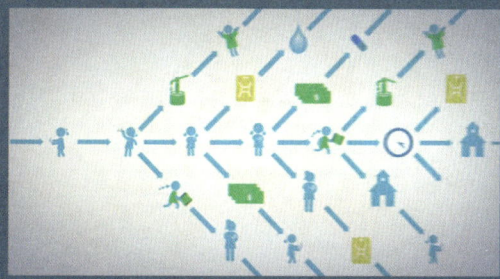

water changes everything.
물이 모든 것을 바꿀 수 있다는 믿음으로부터 전달되는 메시지는 강력하다. 물이 아이들을 바꾸고, 그 아이들이 세상을 바꾸는 힘이 된다. 멋진 가능성을 말하고 있다.

http://www.charitywater.org

메타포 사용 매뉴얼 - 스케치와 완성
가장 먼저 컴퓨터를 켜고 사이트를 뒤지는 것은 비생산적이다. 재빨리 머리와 손으로 그려야 한다.

열쇠 이미지를 늘려 성공요인을 3가지 단계로 설명하면 어떨까?

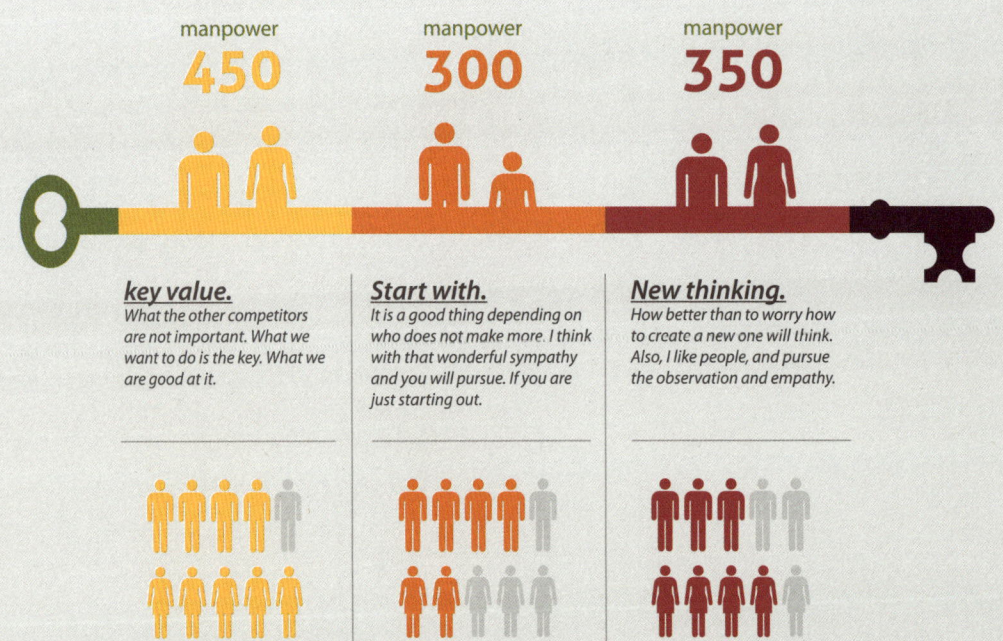

manpower 450

key value.
What the other competitors are not important. What we want to do is the key. What we are good at it.

manpower 300

Start with.
It is a good thing depending on who does not make more. I think with that wonderful sympathy and you will pursue. If you are just starting out.

manpower 350

New thinking.
How better than to worry how to create a new one will think. Also, I like people, and pursue the observation and empathy.

머릿속에서 부터 그릴 수 있어야 손으로 그리고, 컴퓨터로 그려낼 수 있다.
그 다음은 사이트의 도움을 받자.
*source : thenounproject.com

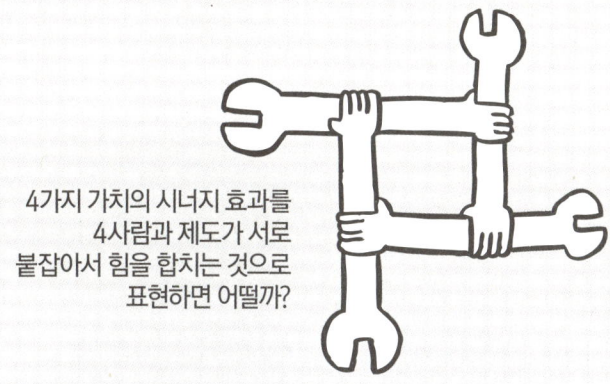

4가지 가치의 시너지 효과를
4사람과 제도가 서로
붙잡아서 힘을 합치는 것으로
표현하면 어떨까?

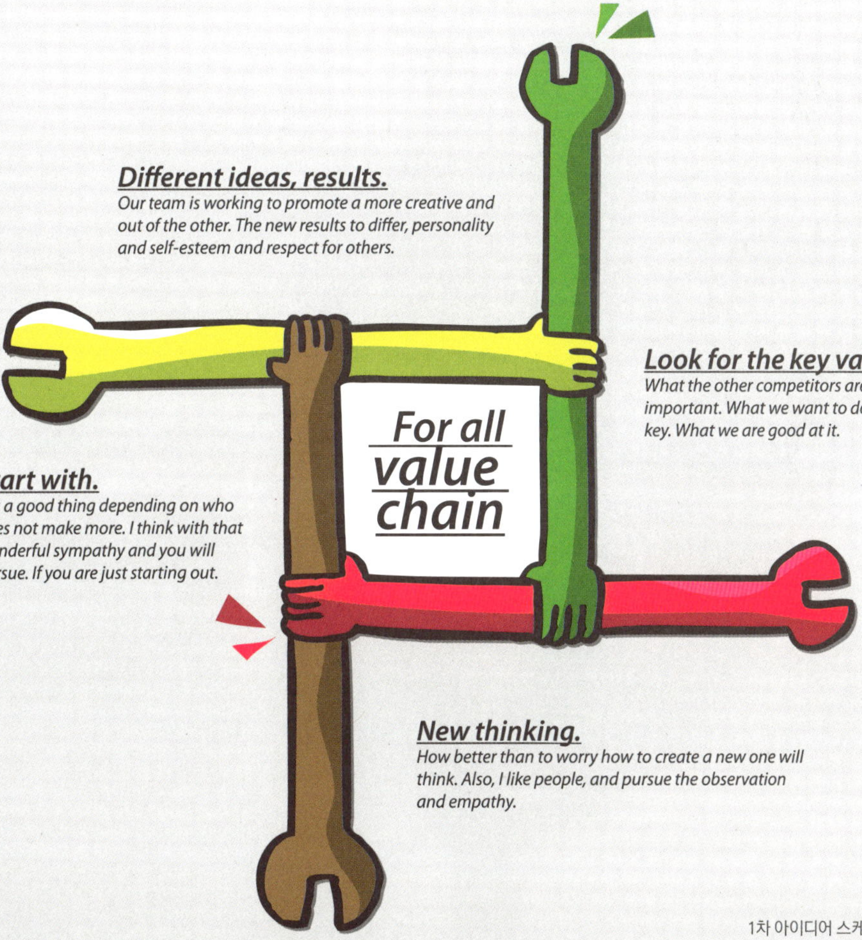

Different ideas, results.
Our team is working to promote a more creative and out of the other. The new results to differ, personality and self-esteem and respect for others.

Look for the key value.
What the other competitors are not important. What we want to do is the key. What we are good at it.

For all value chain

Start with.
It is a good thing depending on who does not make more. I think with that wonderful sympathy and you will pursue. If you are just starting out.

New thinking.
How better than to worry how to create a new one will think. Also, I like people, and pursue the observation and empathy.

1차 아이디어 스케치 : 이도원

메타포 사용 매뉴얼 - 검색과 편집
아이콘 사이트에서 밑그림이 될 수 있는 메타포를 찾으면 원하는 방향으로 편집하여 완성할 수 있다.

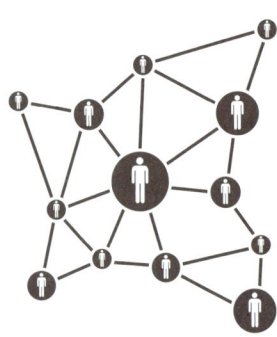

아이콘 제공 사이트를 방문하여
회사의 네트워크를 만들 수 있는
기본 메타포를 선정하고,

회사의 건물 이미지도 찾고,
구성원 이미지도 찾은 후

*.svg 파일을 다운로드 받자.

1	2
3	4

잉크스케이프에서 오픈하여
*.emf로 저장한 후

파워포인트에 삽입하여
그룹해제를 두 번 해주고, 편집한다.

svg파일을 잉크스케이프에서 *.emf로 변환하면
파워포인트의 도형처럼 사용할 수 있다.
*source : thenounproject.com

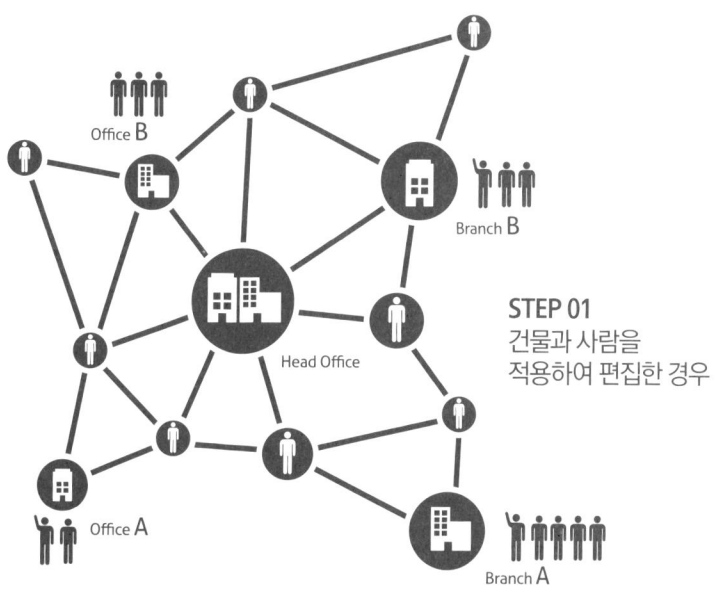

STEP 01
건물과 사람을
적용하여 편집한 경우

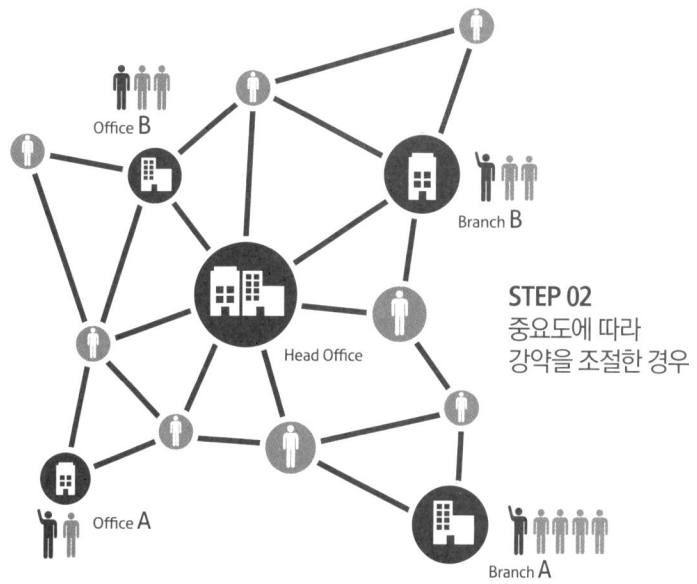

STEP 02
중요도에 따라
강약을 조절한 경우

메타포 사용 매뉴얼 - 검색과 편집

밑그림이 완성된 후에는 정보의 중요도와 전달하려는 메시지에 따라 다양하게 편집하여 사용하자.

STEP 03
네트워크 구조를
수정한 경우

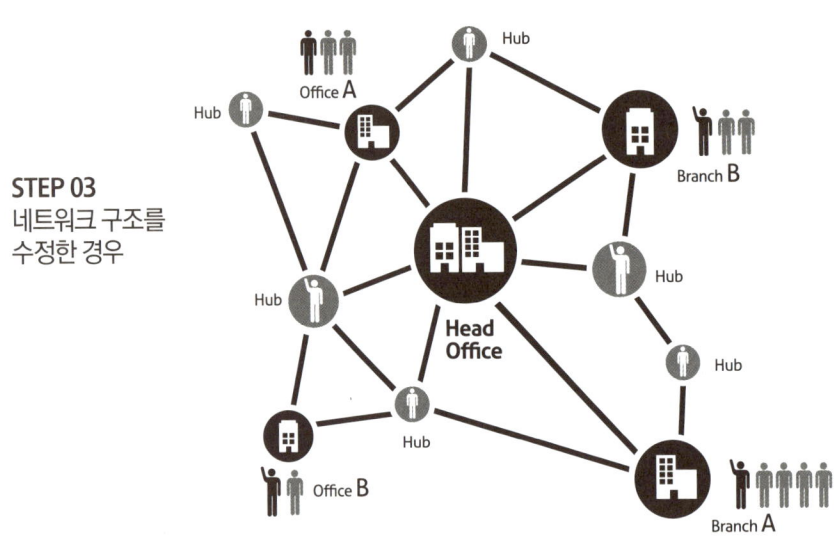

STEP 04
중요도에 따라
컬러를 조절한 경우

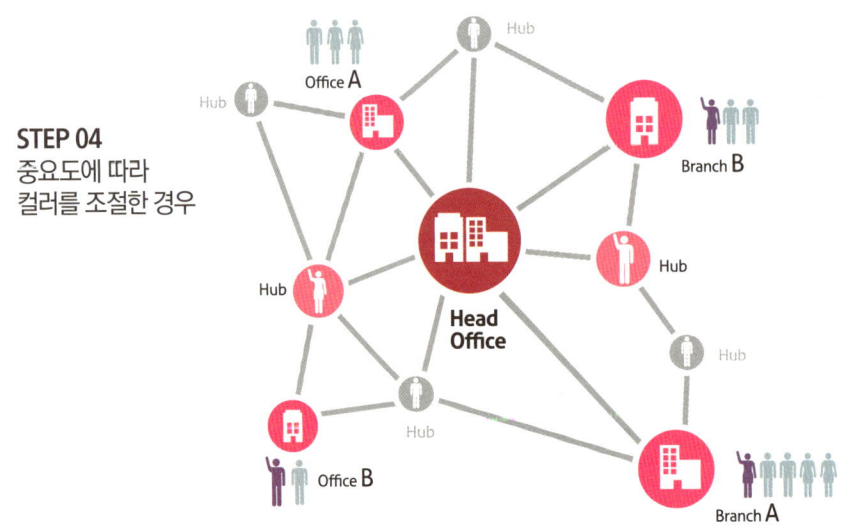

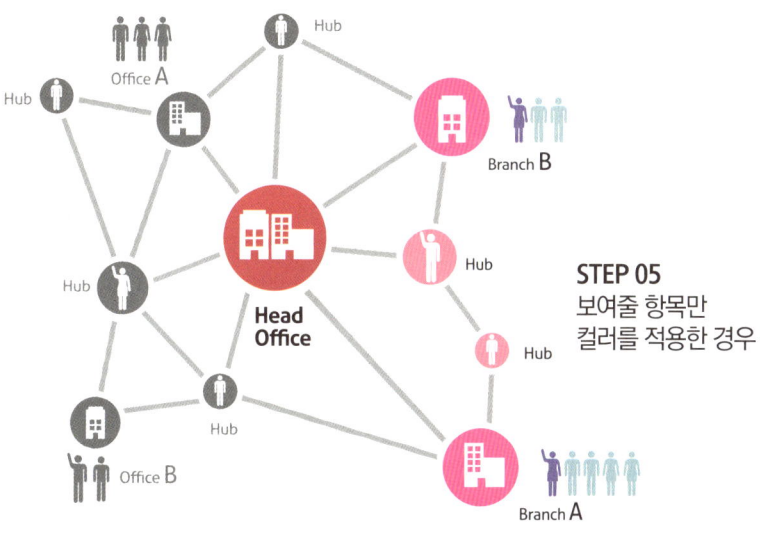

STEP 05
보여줄 항목만
컬러를 적용한 경우

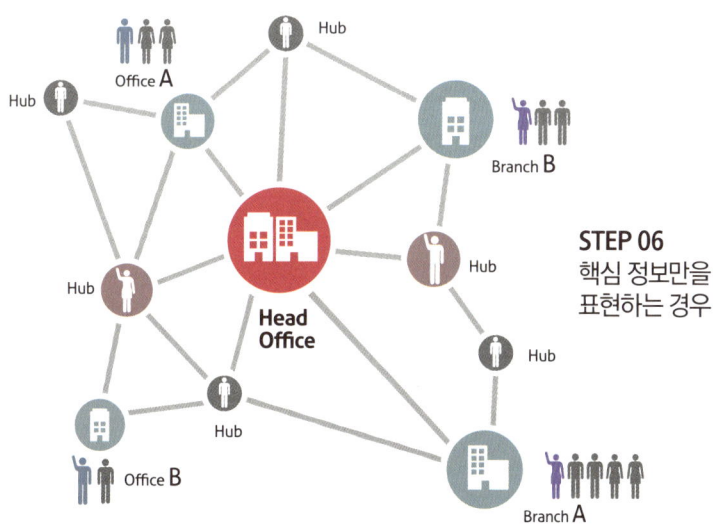

STEP 06
핵심 정보만을
표현하는 경우

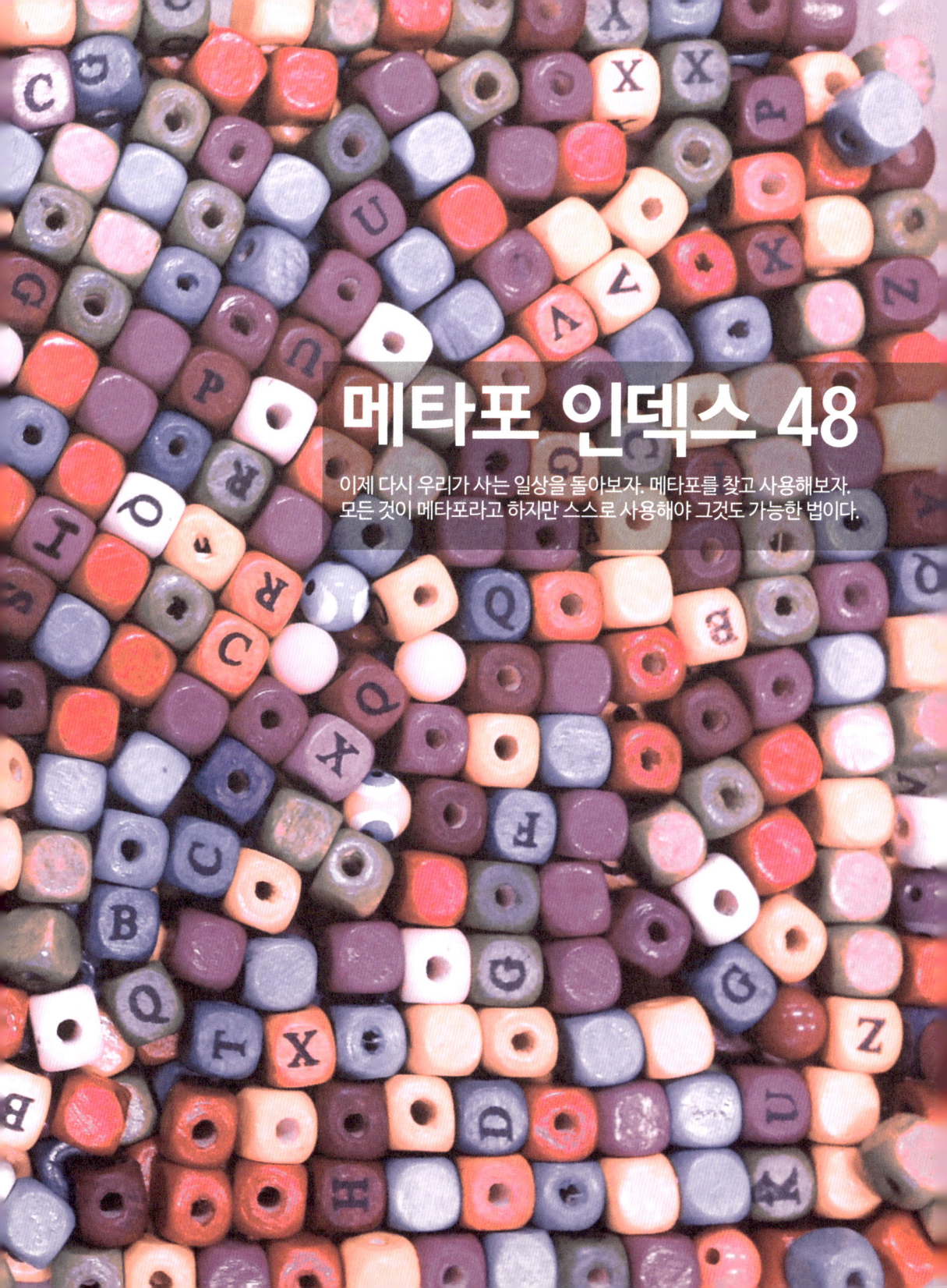

메타포 인덱스 48

이제 다시 우리가 사는 일상을 돌아보자. 메타포를 찾고 사용해보자.
모든 것이 메타포라고 하지만 스스로 사용해야 그것도 가능한 법이다.

사람을 향합니다

사람이 중심일 때 가장 좋은 설득이 된다.
우리의 문제를, 목표를, 희망을 사람에게 향하자.

화성 남, 금성 여

남자와 여자 사이의 관계는 우주만큼 대단하다.
여자를 보면 남자를, 성인을 보면 아이를 말할 수 있다.

그러니까 이익이 얼마?

돈으로 환산하면 이해가 빠르다.
사람들이 가장 관심을 가지는 이익에 집중해야 한다.

얼마 남지 않았습니다

시간이 부족함을 말하면 다급한 상황이 설명된다.
시간 경과를, 현재의 시간을, 남아있는 시간을 말하자.

*Icon made by Freepik from. www.flaticon.com
Thenounproject.com

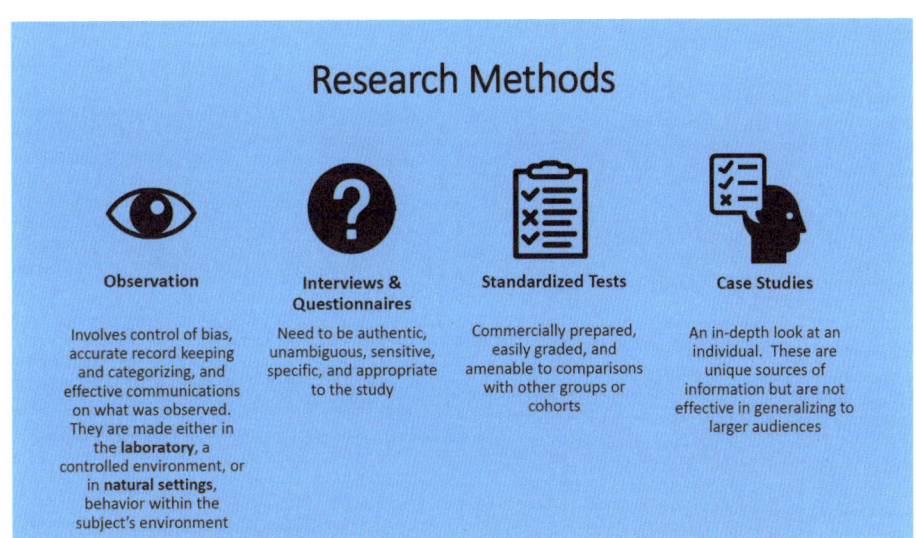

사람의 경험, 행동, 마음 등을 표현하면 효과적이다. 인간 중심의 사고와 표현은 언제나 환영 받는다.

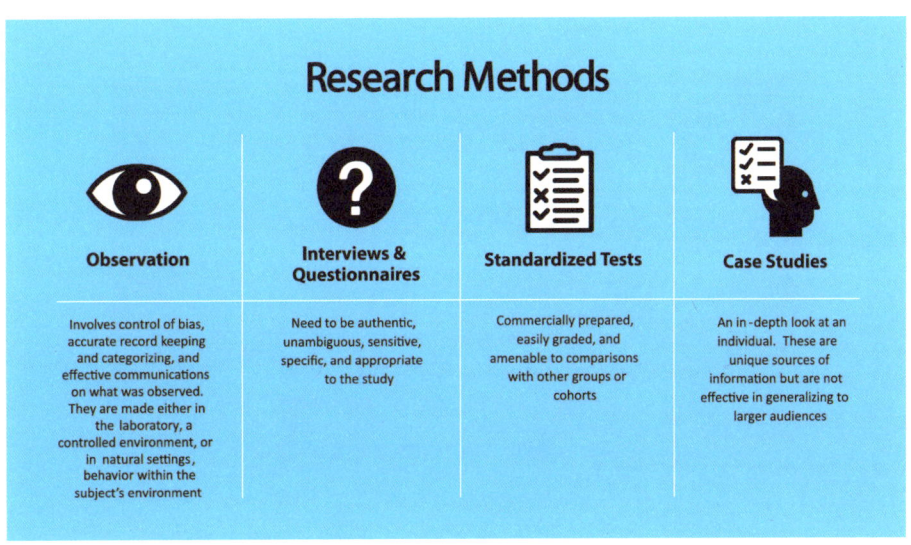

중간 밝기의 색을 사용하면 하양과 검정을 대비시켜서 전체적으로 조화롭게 구성할 수 있다.

아이디어 : 김은우 / UNICEF East Asia and Pacific Regional Office(EAPRO)

전체를 몇 개의 잣대로 무게를 달아서 표현하면 정보의 재미가 붙는다.

순위를 가늠하여 누가 이기고, 누가 지는지를 보여주면 직관적이다.

아이디어 : 위-김조은, 아래-달리는 제이슨의 자작극장, blog.naver.com/jason0304

1%만 무거워도 기울어요

모든 정보를 무게로 비교하면 직관적이다.
평행인지, 기울었는지, 기울기의 원인을 말하자.

뚫어내는 창, 막는 방패

콜로세움이 아니더라도 대결은 언제나 흥미롭다.
1등과 2등의 싸움, 승자와 도전자의 싸움이 좋다.

내게 필요한 건 스피드?

현재의 상황을 속도로 환산하자.
속도뿐 아니라 마라톤의 전체 코스로도 설명하자.

좀 더 빼셔야겠습니다

어떻게든 기준이 되는 잣대를 들이대자.
쉬운 가늠자일수록 상대는 더욱 빠르게 이해한다.

*Icon made by Freepik from www.flaticon.com

집을 짓는 마음으로

집이라는 공간, 구조와 의미에 빗대어 보자.
기초공사에서 마무리까지 단계도 가능하다.

뿌리에서 열매까지

나무는 많은 의미를 포함하고 있는 메타포의 보물이다.
요소, 과정, 출입, 전후, 프로세스 등이 모두 가능하다.

A에서 B로 가는 방법은?

다리는 육지와 육지 외에 사람들을 연결한다.
무엇이 필요한지, 어떤 절차가 있는지, 방법론을 말하자.

8부 능선을 넘었습니다

출발과 도착, 시작점과 목표점을 그려낼 수 있다.
현재 어디를 가고 있는지, 어떤 상태인지 표현하자.

*Icon made by Freepik from. www.flaticon.com

나무에 얽힌 이야기와 당신이 말하려고 하는 이야기를 붙이자.

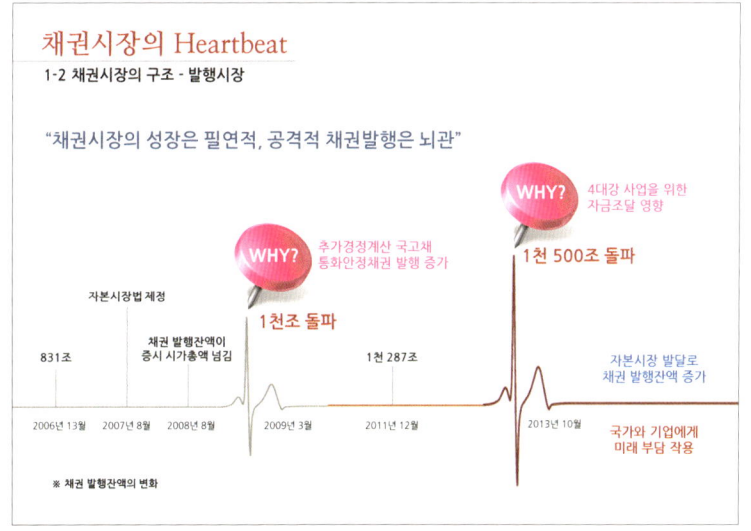

얼마나 길었는지, 어떻게 통과하고 있는지, 어떤 과정으로 전개하는지 말하자.

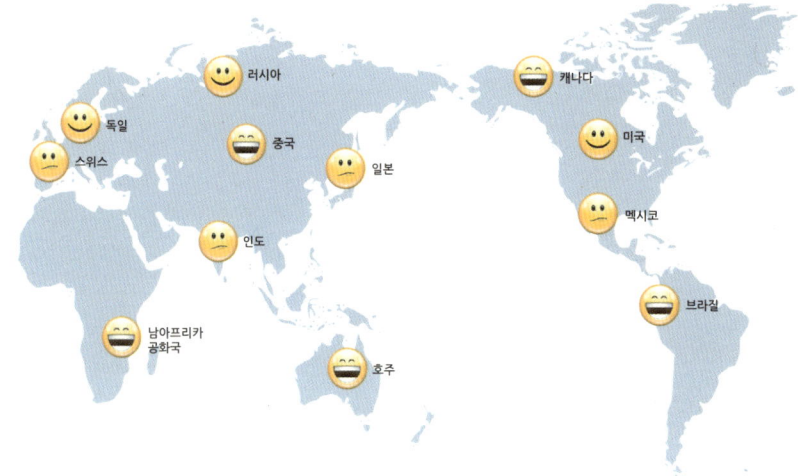

이모티콘의 표정으로 세계 매출 추이를 말하는 경우

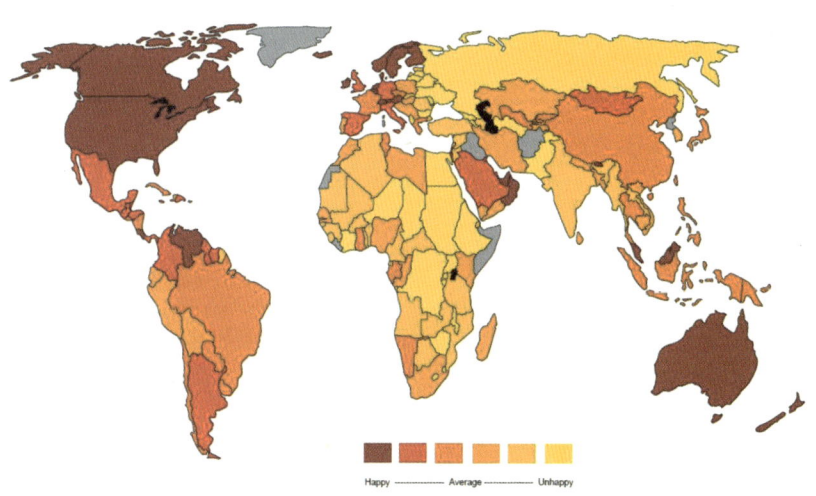

전 세계 행복지수를 색으로 표현하는 경우
The World's First Happiness Map, Physorg.com

『One Page 인포그래픽스』 우석진·김미리, 샌들코어

올해 매출은 매우 흐립니다
맑은 날과 흐린 날의 기분대로 말해보자.
매출과 감정을, 현황과 전망을 감성을 전달한다.

우산을 준비하세요
무엇을 준비하거나 보호할 때 써보자.
접었다 펼치는 과정도 좋고, 가리개도 좋다.

일단 펼쳐놓고 말하기
지역과 나라 이야기가 나오면 무조건 펼치자.
얼만큼 다양한지, 진출했는지 큰 그림을 가능하다.

고객은 이렇게 반응합니다
얼굴에 드러나는 표정 날씨는 재미있다.
표정만으로도 현재의 상태, 우리의 기분 표출이 가능하다.

*Icon made by Freepik from. www.flaticon.com

누가 누가 더 잘하나
어떤 정보가 더 가치 있는지 시상대에 올리자.
3개까지만 올리면 명쾌한 구분이 된다.

123 ABC
복잡하다면 일단 숫자를 매겨보자. 영문도 좋다.
구분과 순서가 만들어진다면 기호도 좋은 방법이다.

이런 문제를 저렇게 해결합니다
이슈의 솔루션, 문제와 해결방안을 연결하사.
상대방의 머릿속에 좀 더 명확한 그림이 그려진다.

얼마나 힘든지 아세요?
무게로, 부피로, 높이로 가늠해보자.
공감각으로 느낄 수 있도록 모든 감각을 동원하자.

*Icon made by Freepik from: www.flaticon.com

정보의 우선 순위를 먼저 정한 후 숫자를 붙이고 시간을 적용한 경우 런던올림픽 BBC Sport

5-box에서 키워드를 '나를 표현하는 숫자'라고 정했다. 우석진 비주얼레주메

먹는 음식에 비유하거나 요리되는 과정으로 표현하면 흥미롭다.

사람의 오감을 자극하는 방법은 언제나 환영받는다.

이렇게 연결됩니다
어떻게 이어져 있는지, 끊어졌는지를 말하자.
현재의 상태와 필요 방법론을 제시할 수 있다.

밝은 결과를 위해 필요합니다
빛을 내는 데 필요한 것들을 제시할 수 있다.
팀의 역할, 성공 요인, 아이디어, 전략을 보여준다.

이렇게 요리됩니다
어떤 레시피인지, 어떤 재료를 사용할지 말하자.
청중은 전략의 신선함을 새로움을 느낄 수 있다.

3개가 필요해요
어떻게 해야 원활하게 돌아가는지 말할 수 있다.
몇 개가 필요한지, 얼마나 힘이 들어가는지도 가능하다.

*Icon made by Freepik from www.flaticon.com

무엇을 채워야 할까요?

좋은 결과를 위해 채워야 할 것을 제시하자.
필요한 성분, 인력, 자격, 조건을 까다롭게 채우자.

이렇게 생겼습니다

우주와 은하계는 신비롭다. 정보도 그렇다.
우리의 관계, 역할, 단계, 크기, 거리 등이 표현된다.

온도를 올려야 해요

사랑의 열매만 온도가 있는 것이 아니다.
사업에도, 직원들도, 고객 만족도에도 모두 있다.

봐야 할 곳을 보세요

빙산은 이슈와 방향을 제시할 때 유용하다.
보이는 부분, 봐야 할 곳, 위험을 제대로 전달한다.

*Icon made by Freepik from. www.flaticon.com

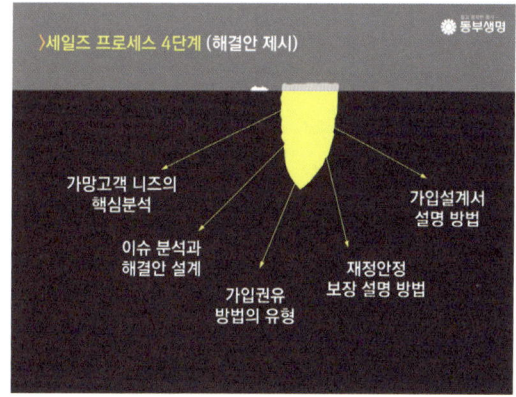

어디를 봐야 하는가?, 무엇을 보고 있는가?, 볼 수 있는가?

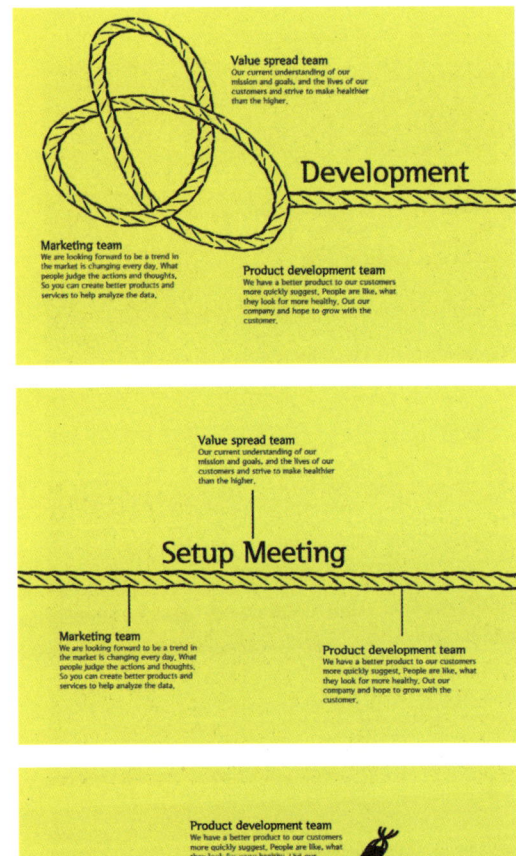

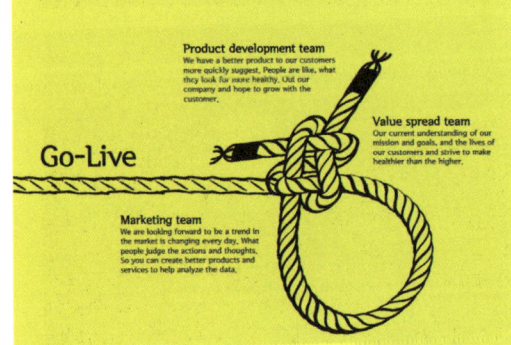

무슨 목표로 어떤 길을 갈 것인지 방향과 내용을 제시하면 쉬워진다.

1차 아이디어 : 나연욱

어느 길을 선택해야 할까요?
어떤 선택을 해야 우수한 결과를 얻을지를 말하자.
선택에 대한 결과를, 노력의 거리를 보여주자.

저쪽이 올바른 방향입니다
현재의 위치와 방향을 정확하게 제시할 필요가 있다.
처음 방향이 잘못되면 결과도 장담하지 못하니까.

이렇게 요리됩니다
어떤 레시피인지, 어떤 재료를 사용할지 말하자.
청중은 전략의 신선함을 새로움을 느낄 수 있다.

목표를 재설정합니다
상황이 변해서 목표를 다시 설정해야 할 때가 많다.
위치, 거리와 각도, 바람의 세기와 방향이 필요하다.

*Icon made by Freepik from. www.flaticon.com

이런 방법으로 오르겠습니다
차근차근, 정확하게 단계를 짚어주자.
몇 개가 필요한지, 어떤 높이인지 설명하자.

10점 만점에 10점
몇 점을 쏘고 있는지, 평가를 쉽게 보여준다.
왜 점수가 낮은지, 목표와의 거리와 보완책까지도

이쪽이 지름길입니다
길 위에 현재 위치와 목표 위치 전체를 그려수사.
어떤 길이 빠르고, 최적화가 되는지도 말할 수 있다.

*Icon made by Freepik from. www.flaticon.com

아직도 넘어야 할 산은 많아요
오르고, 내리고, 느리고, 빠르게 설명된다.
수준별, 단계별, 등급별로 내용을 이해시키기 좋다.

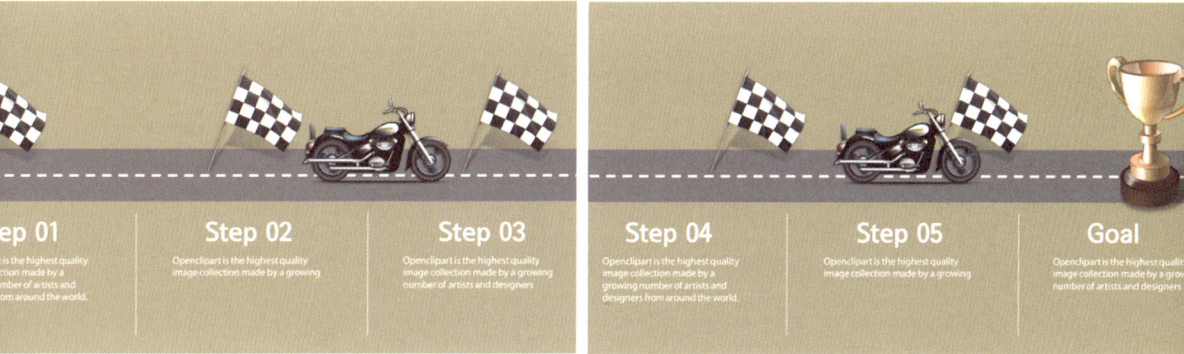

시작과 끝을 설정한 후 그 사이의 통과지점을 만들면 이해가 빨라진다.

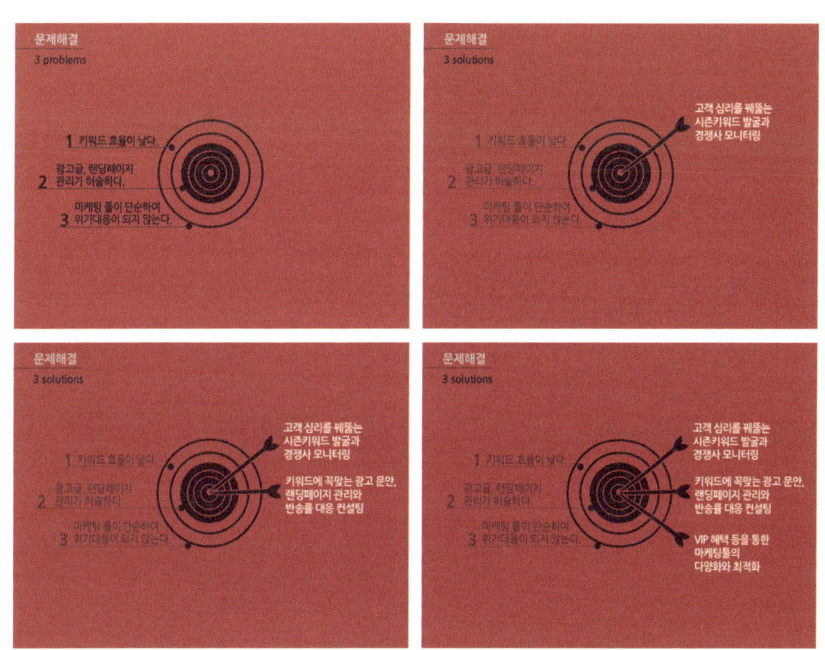

점수와 거리로 계산하거나 3개의 화살로 이야기를 만들어도 좋다. 김미리

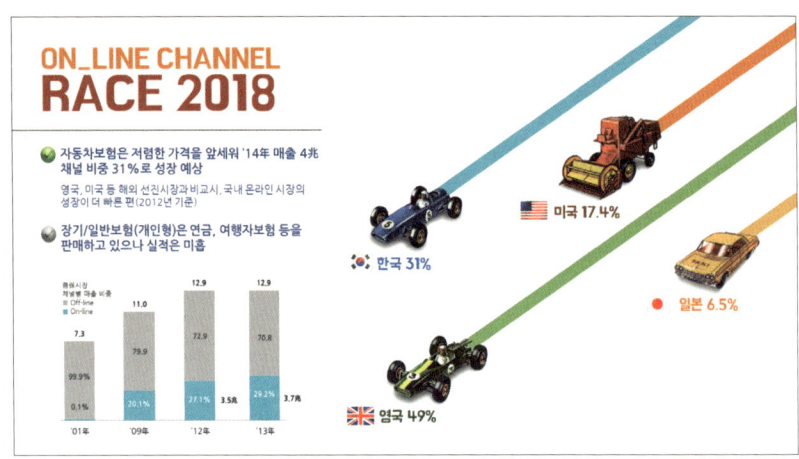

누가 더 속도를 내고 있는지 말하면 흥미로워진다.

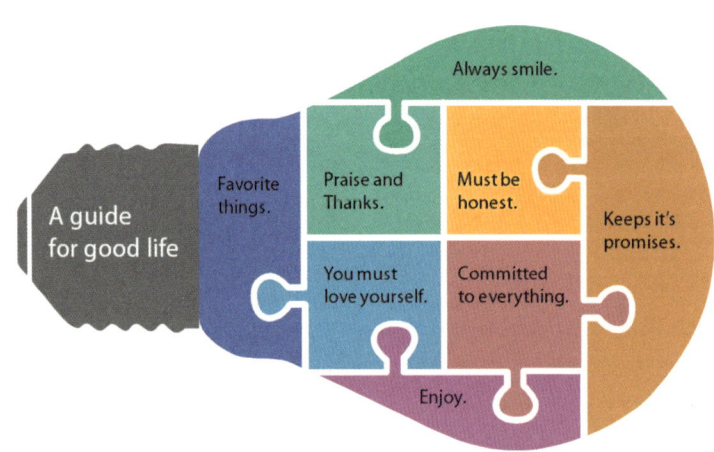

무엇으로 조합해야만 가능한지 말하자.

*source : www.iconarchive.com, made by Freepik.com

전방에 위험요소 발견!
속도 제한, 과속 방지, 길 좁아짐 등으로 빠르게 이해한다.
한눈에 알아볼 수 있어야 제대로 된 표지판이다.

현재 충분한 속도입니다.
우리의 위치, 제품의 품질, 차별성 게이지
가늠할 수 있는 바늘의 위치로 모든 것을 표현한다.

잠시 멈춤은 도약의 시작
현재와 미래의 상태를 보여주고 점검할 수 있다.
지금의 상태, 우리의 마음가짐, 행동 표출이 자유롭다.

완성을 위한 한 조각
어떤 것들이 결합되어야 하는지 조합을 제시한다.
현재 가지고 있는 카드와 필요한 카드를 말해보자.

*Icon made by Freepik from. www.flaticon.com

충전이 필요합니다

부족한 인력, 아쉬운 열정의 충전 상태를 제시하자.
내가 쓰는 스마트폰과 닮아서 빠르게 공감한다.

문을 여는 다양한 방법

열고 닫는 법, 문을 열었을 때의 결과도 유쾌하다.
문을 중심으로 안과 밖, 들어갈 때와 나갈 때의 마음

화살표에도 독이 묻어 있어요

화살표에 의미를 담으면 강력한 설득 펀치가 된다.
습관적으로 쓰지 말고, 생각과 마음을 담아 그리자.

컬러의 이중주

색은 긍정적이거나 부정적인 모습을 동시에 가진다.
나라마다, 문화마다, 상황마다 다름을 기억하자.

*Icon made by Freepik from. www.flaticon.com

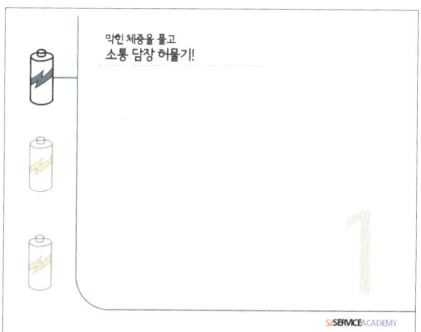

배터리는 결과와 상태를 자유롭게 보여줄 수 있고, 의지와 열정에 대해 이야기가 가능하다.

컬러는 내용을 극대화시킬 수 있는 방향으로 사용한다. 김미리

사각형은 가장 좋은 수납 처리반이다. 구획정리가 좋은 아이디어를 만든다.

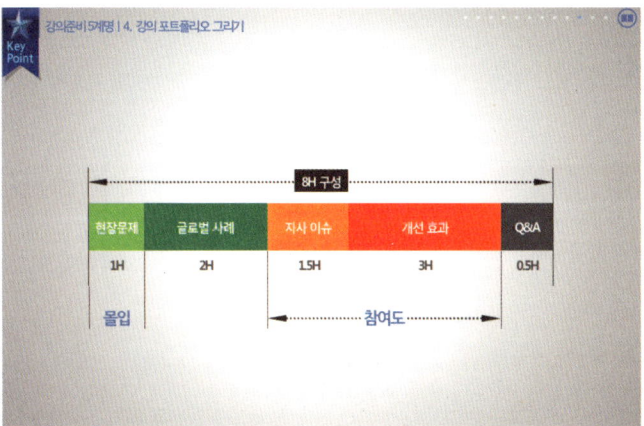

강의와 발표 포트폴리오는 사각형으로 만들면 가장 효과적이다.

원은 확실히 둥글다

그래서 모든 것을 끌어안을 수 있다.
원만큼만 하자. 원만한 것도 없다. 일단 담아보자.

단언컨대 삼각형은 완벽하다

3개의 점과 면으로 구성하면 이야기가 탄탄하다.
3개로, 삼각형으로, 피라미드로 변경해보자.

구분할 때는 사각형

가장 쉬운 구획 정리는 사각형, 하지만 확실하게!
분리와 병합, 전체와 일부를 자유롭게 보여주자.

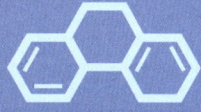

연결이 필요하면 불러줘요

어떻게 해야 원활하게 돌아가는지 말할 수 있다.
몇 개가 필요한지, 얼마나 힘이 들어가는지도 가능하다.

*Icon made by Freepik from. www.flaticon.com

도움 사이트

도서에 사용된 이미지와 클립아트의 일부는 무료/기부/구매를 통한 것들입니다.
사용된 경우는 해당 사이트와 저작자의 이름을 표기해 두었습니다.
저작권은 각 사이트를 참조해 주세요.

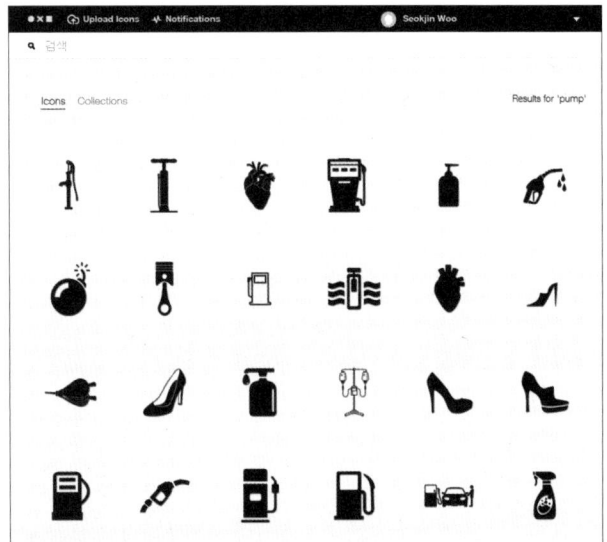

픽토그램 무료 제공 사이트(PNG와 SVG 제공)
www.thenounproject.com
www.iconmonstr.com
www.flaticon.com
www.vecteezy.com
www.freepik.com

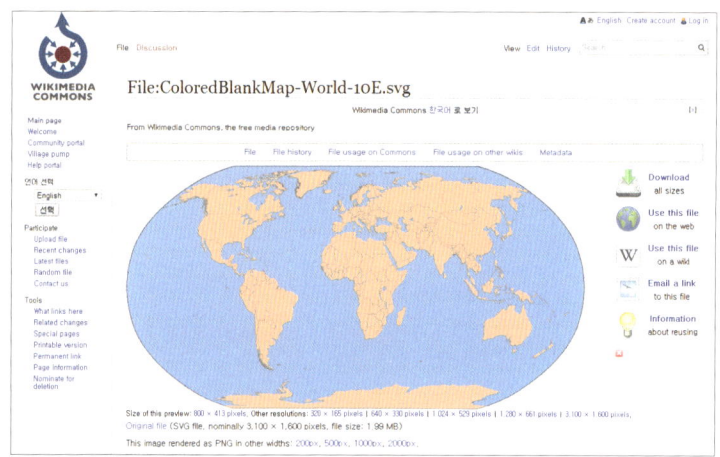

정보 검색 사이트(JPG, PNG, SVG 제공)
en.wikipedia.org
commons.wikimedia.org
www.google.com

이미지 무료 제공 사이트(JPG, PNG 제공)
www.flickr.com
www.dreamstime.com/free-images

도움 사이트

일부 사이트는 무료 브라우저인 크롬, 사파리, 파이어폭스로 접속해야만 원활하게 서비스를 제공받을 수 있습니다. (MS인터넷익스플로러는 9.0 이상부터 가능)

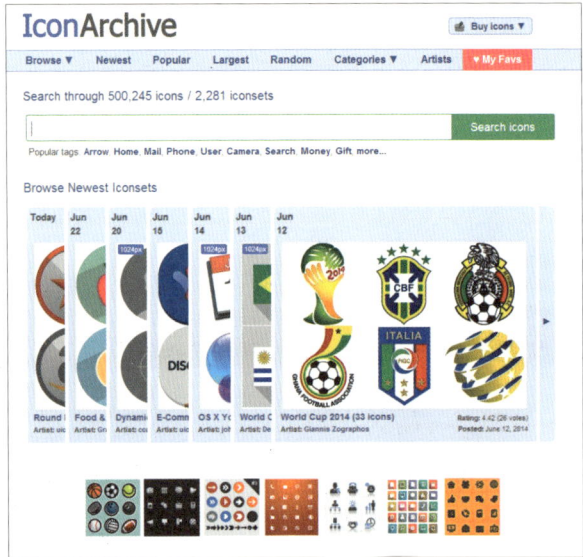

실사 아이콘 무료 제공 사이트(PNG 제공)
www.iconfinder.com
www.iconarchive.com
www.google.com에서 icon png 검색

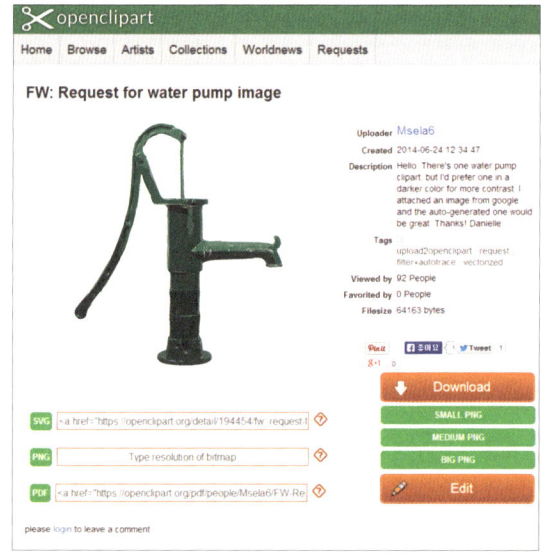

클립아트 및 실루엣 무료 제공 사이트
(WMF, EMF, SVG, PNG 제공)
www.openclipart.org
www.office.microsoft.com/en-us
www.clker.com

그래픽 편집 프로그램 (무료 설치)
www.inkscape.org – 벡터형 일러스트레이터 호환 및 제작 프로그램
http://www.gimp.org – 픽셀형 이미지 호환 및 제작 프로그램

epilogue

나는 보이는 것이 아니라
'알고 있는 것'을 그린다.

- 파블로 피카소 -

나무를 본다.

누구는 힘든 하루를 기대고 싶어지고,

누구는 바람에 흔들려도 꺾이지 않음에 놀라고,

누구는 풍성한 열매를 갖고 싶어한다.

누구는 자연에 순응하는 나무의 변화에 숙연해지고,

누구는 어린나무에서 그루터기까지 과정을 그려낸다.

또 누구는 아낌없이 주는 사람이 되고자 다짐한다.

그 어떤 것도 버려야 하는 생각이란 없다.

출간한지 40년 째 사랑을 받고 있는 『아낌없이 주는 나무』는 읽을 때마다 전해오는 느낌이 다르다.
어릴 때는 나무가 고마웠고, 철이 들어서는 마음이 따뜻한 사람이 되고 싶어진다.

좋은 아이디어는 지식의 양과 비례한다.
그래서 전문가들은 책을 많이 읽고,
영화를 보며 다양한 경험을 하라고 주문한다.

하지만 현실은 냉혹하다.
반복된 일상에서 자기계발은 쉽지 않고,
무한 경쟁에서 감성은 우선순위에서 밀려난다.
갯벌의 관찰은 해변이 아니라
인터넷의 바다에서 검색으로 마무리된다.

나만의 인포그래픽을 만들고 싶다면,
메타포의 바다에 빠지고 싶다면,
간단하지만 어려운 준비운동이 필요하다.

눈에 보이는 것만 믿지 않는 것,
봐야 하는 것들을 찾는 노력이다.

그럴 수만 있다면
지겨운 일상이 새롭게 보이고
보고 싶은 것을 그릴 수 있게 된다.

현대 사회의 복잡한 문제를 해결하려면
세상을 보고 듣고,
글을 읽고 쓰고,
그림을 그리고 봐야 한다.

즉, 언어적 사고방식과 시각적 사고방식을
동시에 기억해야만 한다.

-댄 로암, 생각을 말하는 사람, 생각을 그리는 사람-

*source : www.flaticon.com

누구나 어렸을 때는 질문을 한다.
새로운 것에 대한 지적 호기심을 가진다.

하지만 점점 자라면서 더 이상 묻지 않는다.
더 이상 신기한 것이 없다.

어제 뜬 태양이 오늘도 뜬다는 것을 당연시하고,
그것을 의심하는 사람을 바보로 생각한다.

하지만 기억하라.
의심 많은 바보가 세상을 바꾼다는 사실을...

-이어령, 우물을 파는 사람 -

인포그래픽 & 비주얼 씽킹 교육 안내

비주얼 씽킹 특강 — 기초
- 1일 1~4시간
- 이미지 사고를 통해 유쾌한 공감력을 기를 수 있는 특강으로 논리와 감성을 결합하는 방법과 이를 비즈니스 실무에 적용할 수 있는 아이디어 도출 방법과 사례 및 실습 중심으로 구성됩니다.
- 주요내용 : 논리 + 이미지 사고, 이미지로 말하기, 쓰기, 그리기
- 교육형태 : 출강 및 과정 개설 / 공개과정

인포그래픽 특강 — 기초
- 1일 1~4시간
- 실무 특강 형태로 인포그래픽에 대한 전반적인 이해와 함께 비즈니스에 필요한 비주얼 씽킹과 인포그래픽에 대한 이슈를 실무자들의 이해할 수 있는 사례 중심으로 구성됩니다.
- 주요내용 : 인포그래픽 이슈, 정보 트렌드, 비주얼 씽킹, 사례
- 교육형태 : 출강 및 과정 개설 / 공개과정

인포그래픽 정규과정 — 특별
- 1일 8시간
- 국내 최초로 개설되어 가장 많은 교육생을 배출하고 있는 과정입니다. 디자인 비전공자도 쉽게 인포그래픽을 배울 수 있는 1일 과정으로 인포그래픽 제작 실무에 대한 능력을 학습할 수 있습니다.
- 주요내용 : 인포그래픽 설계, 비주얼 씽킹, 시각화 패턴 Tool & Site, 제작 실습
- 교육 단계 : Basic 과정 / Advance 과정

ONE PAGE 인포그래픽 실무 과정 — 마스터
- 2일 16시간
- 비즈니스 업무에 최적화된 인포그래픽 결과물을 빠르게 완성하고 자신의 문서를 리뉴얼하는 과정으로 코칭, 클리닉을 통하여 효율성 높은 인포그래픽 실무 능력을 마스터할 수 있습니다.
- 주요내용 : 인포그래픽 설계, 비주얼 씽킹, 시각화 패턴 Tool & Site, 그래픽 실무, 제작 실습, 클리닉
- 교육 단계 : Basic 과정 / Advance 과정

공개교육 문의
디큐브아카데미
www.dcubeacademy.com

한겨레교육문화센터(신촌)
www.hanter21.co.kr

과정 교재
One Page 인포그래픽스

인포그래픽 비주얼 씽킹 IDEA BOOK

One Page 인포그래픽 사용설명서, 메타포

인포그래픽 기업 출강 및 과정 개설 문의 : www.wooseokjin.com, 2tokki@gmail.com
도서 문의 : 샌들코어 t 02-569-8741, f 02-6442-5013, www.sandalcore.com